PROFIL D'UNE ŒUVRE

Collection dirigée par Georges Décote

10 TEXTES EXPLIQUÉS

Dom Juan

(1665)

MOLIÈRE

PASCAL DEBAILLY

Ancien élève de l'École normale supérieure

Agrégé de l'Université

Sommaire

2. On a l'habitude d'écrire *Dom* pour le titre de la pièce, mais *Don* pour le personnage. Titre des nobles espagnols, *Dom* est plus proche de l'étymologie latine *dominus* qui veut dire maître.

© HATIER, PARIS, MAI 1988 ISSN 0750-2516 ISBN : 978-2-218-73873-2

1 ACTE I, scène 1

[« Un grand seigneur méchant homme »] [1]

SGANARELLE / **Je n'ai pas grande peine à le comprendre, moi ; et si tu connaissais le pèlerin, tu trouverais la chose assez facile pour lui. Je ne dis pas qu'il ait changé de sentiments pour Done Elvire, je n'en ai point de certitude encore : tu sais que, par son ordre, je partis avant lui, et depuis son arrivée il ne m'a point entretenu ; mais, par précaution, je t'apprends, *inter nos*, que tu vois en Don Juan, mon maître, le plus grand scélérat que la terre ait jamais porté, un enragé, un chien, un diable, un Turc, un hérétique, qui ne croit ni Ciel, ni enfer, ni loup-garou, qui passe cette vie en véritable bête brute, un pourceau d'Epicure, un vrai Sardanapale, qui ferme l'oreille à toutes les remontrances qu'on lui peut faire, et traite de billevesées tout ce que nous croyons. Tu me dis qu'il a épousé ta maîtresse : crois qu'il aurait plus fait pour sa passion, et qu'avec elle il aurait encore épousé toi, son chien et son chat. Un mariage ne lui coûte rien à contracter ; il ne se sert point d'autres pièges pour attraper les belles, et c'est un épouseur à toutes mains. Dame, demoiselle, bourgeoise, paysanne, il ne trouve rien de trop chaud ni de trop froid pour lui ; et si je te disais le nom de toutes celles qu'il a épousées en divers lieux, ce serait un chapitre à durer jusques au soir. Tu demeures surpris et changes de couleur à ce discours ; ce n'est là qu'une ébauche du personnage, et, pour en achever le portrait, il faudrait bien d'autres coups de pinceau. Suffit qu'il faut que le courroux du Ciel l'accable quelque jour, qu'il me vaudrait bien mieux d'être au diable que d'être à lui, et qu'il me fait voir tant d'horreurs, que**

1. Ces intertitres entre crochets ne sont pas de Molière ; ils donnent l'idée d'ensemble du texte.

je souhaiterais qu'il fût déjà je ne sais où. Mais un grand seigneur méchant homme est une terrible chose ; il faut que je lui sois fidèle, en dépit que j'en aie : la crainte en moi fait l'office du zèle, bride mes sentiments, et me réduit d'applaudir bien souvent à ce que mon âme déteste. Le voilà qui vient se promener dans ce palais : séparons-nous. Écoute au moins : je t'ai fait cette confidence avec franchise, et cela m'est sorti un peu bien vite de la bouche, mais, s'il fallait qu'il en vînt quelque chose à ses oreilles, je dirais hautement que tu aurais menti.

LECTURE MÉTHODIQUE

Présentation

Sganarelle, valet de Don Juan, s'entretient avec Gusman, l'écuyer de Done Elvire. On apprend que la jeune femme, après avoir été enlevée d'un couvent, puis épousée par Don Juan, vient d'être abandonnée par lui. Sganarelle ôte à Gusman tout espoir que son maître revienne jamais à Elvire. A cette occasion, il brosse, à sa manière, un portrait du grand seigneur impie et débauché. Ce texte appartient à la scène d'ouverture de la pièce. Il nous renseigne sur l'intrigue, mais nous permet aussi de découvrir le caractère du héros, celui de son valet, ainsi que les rapports spécifiques qui lient ce couple.

1. Le portrait du maître par son valet

Pour expliquer la conduite scandaleuse de son maître, Sganarelle fait de lui une description où il apparaît sous trois aspects essentiels : impie, débauché et grand seigneur scélérat.

• *L'impie*

Sganarelle est d'abord choqué par l'impiété de son maître. Don Juan n'a ni religion ni superstition : il ne « croit ni Ciel, ni enfer, ni loup-garou » (l. 11-12). [D'après les croyances populaires, le loup-garou est un homme qui, la nuit, devient loup.] De ce point de vue, Don Juan est ce qu'on appelle au XVIIe siècle un *libertin*, c'est-à-dire un homme qui ne reconnaît aucune autorité étrangère et supérieure à celle de la conscience et qui revendique une indépendance totale vis-à-vis des pouvoirs de l'État, de l'Église et des traditions intellectuelles. Cette attitude, à une époque d'ardente renaissance du catholicisme, passait pour une provocation intolérable. Sganarelle, annonçant le dénouement de la pièce, redoute pour son maître un châtiment divin : « Suffit qu'il faut que le courroux du Ciel l'accable quelque jour » (l. 29-30).

• *Le débauché*

A ce libertinage de pensée s'ajoute un libertinage des mœurs qui aggrave l'impiété de Don Juan. Car pour la conscience chrétienne, le désir sexuel est volontiers associé au diable, surtout quand il s'exprime avec exubérance et refuse les limitations. Proclamant la nécessité d'être libre dans sa vie morale, le libertin aime donc la débauche, dont le plaisir est accru par la conscience de transgresser les préceptes de la morale et de la religion. En cela, Don Juan excelle. Il se moque éperdument des règles sociales et « ferme l'oreille à toutes les remontrances qu'on lui peut faire » (l. 14). Sacrifiant tout à ses appétits sensuels, il s'empare de toutes les femmes : « Dame, demoiselle, bourgeoise, paysanne, il ne trouve rien de trop chaud ni de trop froid pour lui. » Et pour arriver plus rapidement à ses fins, il bafoue sans scrupules l'institution sacrée du mariage : « Un mariage ne lui coûte rien à contracter » (l. 19). Cette boulimie sexuelle heurte doublement l'idéologie chrétienne : en souillant l'honneur des femmes, elle pèche contre le respect de la virginité ; en faisant de la sexualité une manifestation d'orgueil, elle offense la vertu d'humilité.

• *Le grand seigneur*

Don Juan défie allégrement les lois divines et humaines, parce que c'est un aristocrate qui profite des privilèges de son éducation et de sa classe pour s'arroger sur les autres une supériorité facile. Sganarelle constate avec effroi ce pouvoir : « un grand seigneur méchant homme est une terrible chose » (l. 34). Il a du mépris pour ceux qui, par peur, n'osent réaliser leurs désirs et pour les faibles qui se soumettent servilement à la loi. Il en éprouve aussi pour les croyances des superstitieux comme Sganarelle ou Gusman : il « traite de billevesées tout ce que nous croyons » (l. 15). [Les billevesées sont des sottises, des paroles vides de sens.] Mais ce sont surtout les femmes qu'il méprise. Il les collectionne, sans se soucier du mal et du déshonneur qu'il leur cause. Pour les séduire, il se montre hypocrite et le mariage est un piège dont il use « pour attraper les belles ». En évoquant les « horreurs » dont il été témoin, Sganarelle fait allusion à la méchanceté de son maître, à son plaisir de faire souffrir les autres. Le lâche abandon d'Elvire en est la dernière preuve.

Le tempérament aristocratique du héros se manifeste aussi dans son goût de la dépense et de la démesure. Contrairement au roturier qui est obligé de travailler pour survivre, Don Juan jouit d'un continuel loisir qui lui permet de donner libre cours à ses désirs. Il n'épargne pas, il consomme. Sganarelle le compare à « Sardanapale » (l. 13), personnage par excellence de la dépense et de la gratuité. Ce roi assyrien, célèbre pour ses débauches, fit un jour détruire tous ses biens et mettre à mort tous ceux qui lui appartenaient : femmes, esclaves, animaux. Cette volonté de jouir en permanence de la vie s'accompagne chez Don Juan d'une allégresse provocante.

2. Le portrait du valet par lui-même

Le portrait que Sganarelle nous donne de son maître est exact dans ses grandes lignes, mais il est brossé par une intelligence grossière, déformée par la crainte et par les préjugés. C'est pourquoi, en décrivant son maître, le valet sans le vouloir se décrit lui-même. Il est aux antipodes de Don Juan. Autant ce dernier est insoumis, incrédule et hardi, autant le premier est servile, crédule et poltron. Ce contraste a une double fonction : il permet d'abord aux caractères de mieux se révéler ; il crée ensuite un contraste comique, en opposant deux univers radicalement différents. Sganarelle se pose en s'opposant à son maître ; mais s'il fait de lui un portrait peu flatteur, il éprouve néanmoins à son égard de la fascination.

• *Le crédule*

Sganarelle apparaît comme le défenseur de la morale traditionnelle et de la foi religieuse. Ses reproches répétés contre l'impiété du libertin, manifestent son attachement à la religion catholique. De même, la condamnation des multiples mariages du séducteur indique que pour lui cette institution est, comme il le dira plus loin dans la pièce, « un mystère sacré ». Mais cette croyance profonde dégénère souvent en superstition grossière. Il place sur le même plan Dieu et la croyance populaire au « loup-garou » : Don Juan « ne croit ni Ciel, ni enfer, ni loup-garou ». Il accumule sans discernement les ennemis du christianisme : « un enragé, un chien, un diable, un Turc, un hérétique » (l. 10-11). Il a peur des châtiments divins et redoute pour son maître « que le courroux du Ciel l'accable quelque jour » (l. 30).

• *Le poltron*

En l'absence du maître, Sganarelle pérore fièrement. A l'écuyer qui demande des explications sur la conduite imprévue de Don Juan à l'égard d'Elvire, il répond avec condescendance, en se targuant de son intimité avec le libertin : « Je n'ai pas grande peine à le comprendre, moi ; et si tu connaissais le pèlerin, tu trouverais la chose assez facile pour lui » (l. 1). Il jouit avec vanité de la stupeur que ses paroles causent à son interlocuteur : « Tu demeures surpris et changes de couleur à ce discours ; ce n'est là qu'une ébauche du personnage, et, pour en achever le portrait, il faudrait bien d'autres coups de pinceau » (l. 26).

Mais son courage verbal ne l'empêche pas de révéler la contradiction de son comportement. Devant son maître, il tremble et ose rarement dire ce qu'il pense : « il faut que je lui sois fidèle, en dépit que j'en aie [= malgré ma répugnance] : la crainte en moi fait l'office du zèle, bride mes sentiments et me réduit d'applaudir bien souvent à ce que mon âme déteste » (l. 35-38). Dès qu'il aperçoit son maître, il se rétracte brusquement et se reproche d'avoir été si bavard : « s'il fallait qu'il en vînt quelque chose à ses oreilles, je dirais hautement que tu aurais menti » (l. 42-44).

• *La fascination du valet pour le maître*

Sganarelle est rempli de crainte en face de son maître, mais il éprouve aussi pour lui de l'admiration. Partagé entre l'attirance et la répulsion à l'égard de ce personnage hors du commun, il ressent, tout comme le spectateur, un sentiment de fascination. Le valet est subjugué par le maître. On sent qu'il est passionné par un sujet qui alimente indéfiniment sa verve. On l'imagine allant et venant sur la scène, accompagnant ses paroles d'attitudes craintives, mais aussi de grands gestes d'exaltation. Sganarelle n'est rien sans Don Juan. C'est par rapport à lui qu'il se situe et construit sa propre vision du monde. C'est grâce à lui qu'il a acquis un vernis de culture qui lui permet de briller facilement auprès de Gusman.

3. Le jargon d'un valet de comédie

Sganarelle est avant tout un être de paroles, plus à l'aise pour pérorer que pour agir. En cela, c'est un personnage bouffon, qui fait rire par le décalage entre ses déclarations et ses actes, mais aussi par un langage haut en couleur.

• *Le pédantisme*

Sganarelle cherche à imiter le langage de son maître. Mais le plus souvent, il ne fait que le parodier d'une manière ridicule. Ce qui chez Don Juan marque la prestance et l'éducation de l'homme du monde dégénère chez Sganarelle en étalage prétentieux d'érudition mal dominée. Il pratique la citation latine : « je t'apprends, *inter nos*, que tu vois en Don Juan... » (l. 7). Mais cet « inter nos » qui veut dire « entre nous » et prétend sceller une complicité est parfaitement inutile. Sa culture n'est faite que de gros clichés qu'il amalgame pour faire volume plus que pour faire sens. Don Juan est « une bête brute, un pourceau d'Epicure, un vrai Sardanapale ». L'expression « pourceau d'Epicure » vient des *Epitres* d'Horace (I, 4), le poète latin ; elle désigne quelqu'un qui, trahissant l'enseignement rigoureux du philosophe Epicure, s'adonne sans retenue aux plaisirs physiques. Sganarelle est si fier de ses discours qu'il les compare à l'œuvre d'un peintre. Ce cliché est lourdement développé : « ce n'est là qu'une ébauche du personnage, et, pour en achever le portrait, il faudrait bien d'autres coups de pinceau ». Cet étalage de science vise seulement à impressionner l'inculte Gusman.

• *La verdeur populaire*

Mais Sganarelle reste un homme du peuple, dont le parler familier a une verdeur plaisante et imagée. Le mot « pèlerin » (l. 2) qu'il utilise à propos de Don Juan a un sens ironique et désigne dans le langage populaire un homme peu recommandable. La jolie expression « épouseur à toutes mains » (l. 21) est doublement familière, tout d'abord par l'utilisation du terme « épouseur » qui appartient au registre burlesque, puis par celle de « toutes mains » qui veut dire à propos d'un cheval qu'il est bon pour la monte et pour l'attelage. Sganarelle qui se pique d'élégance n'hésite pas, on le voit, à comparer grossièrement son maître à une bête. Il emploie même le mot en le traitant de « bête brute » (l. 12). Il procède aussi à des amplifications burlesques qui font rire tellement elles sont déplacées : « il aurait encore épousé toi, son chien et son chat » (l. 18). Le mélange du registre soutenu de la pédanterie et des dérapages du langage populaire ajoute encore au comique.

• *La verve bouffonne*

Sganarelle est emporté par son discours. Il a un bagout incontestable, dont il mesure les effets sur Gusman : « Tu demeures surpris et changes de couleur à ce discours. » C'est que sa verve, même si elle ne s'appuie pas sur des idées originales et des expressions de bon goût, a un dynamisme allègre et entraînant. Il affectionne les accumulations boursouflées qu'il ne peut prononcer sans risquer d'étouffer, mais qui frappent comiquement l'imagination par leur caractère hétéroclite. Don Juan est « un enragé, un chien, un diable, un Turc, un hérétique, qui ne croit ni Ciel, ni enfer, ni loup-garou, qui passe cette vie en véritable bête brute, un pourceau d'Epicure, un vrai Sardanapale ». Il aime les hyperboles [figure de style qui consiste à exagérer sa pensée pour la rendre plus saisissante], qui donnent à sa vie un caractère plus dramatique : « il me vaudrait bien mieux d'être au diable que d'être à lui » (l. 31-32). Il s'enivre de mots et les aligne pour faire nombre, en cédant à de faciles effets d'antithèses : « Dame, demoiselle, bourgeoise, paysanne, il ne trouve rien de trop chaud ni de trop froid pour lui. » Ces fanfaronnades et cette fantaisie verbale placent la pièce, malgré la gravité du sujet, sous le signe de la gaieté.

Conclusion

Dans ce texte qui appartient à la scène d'exposition, Don Juan, libertin d'une envergure exceptionnelle, est décrit par un valet poltron, bavard et secrètement admiratif. Le ton burlesque place la pièce sour le signe de la comédie, mais le thème religieux qui touche au XVIIe siècle à de brûlantes controverses, lui donne un caractère polémique. Certes Don Juan est condamné pour son immoralité et son impiété, mais Sganarelle avec sa crédulité superstitieuse est-il un bon défenseur de la foi catholique ? Molière semble insinuer plutôt que la crédulité du valet balourd est aussi dangereuse et condamnable que le libertinage provocant du maître.

2 ACTE I, scène 2

[La profession de foi du séducteur]

DON JUAN / **Quoi ! tu veux qu'on se lie à demeurer au premier objet qui nous prend, qu'on renonce au monde pour lui, et qu'on n'ait plus d'yeux pour personne ? La belle chose de vouloir se piquer d'un faux honneur d'être fidèle, de s'ensevelir pour toujours dans une passion, et d'être mort dès sa jeunesse à toutes les autres beautés qui nous peuvent frapper les yeux ! Non, non, la constance n'est bonne que pour des ridicules ; toutes les belles ont droit de nous charmer, et l'avantage d'être rencontrée la première ne doit point dérober aux autres les justes prétentions qu'elles ont toutes sur nos cœurs. Pour moi, la beauté me ravit partout où je la trouve, et je cède facilement à cette douce violence dont elle nous entraîne. J'ai beau être engagé, l'amour que j'ai pour une belle n'engage point mon âme à faire injustice aux autres ; je conserve des yeux pour voir le mérite de toutes, et rends à chacune les hommages et les tributs où la nature nous oblige. Quoi qu'il en soit, je ne puis refuser mon cœur à tout ce que je vois d'aimable, et dès qu'un beau visage me le demande, si j'en avais dix mille, je les donnerais tous. Les inclinations naissantes, après tout, ont des charmes inexplicables, et tout le plaisir de l'amour est dans le changement. On goûte une douceur extrême à réduire par cent hommages le cœur d'une jeune beauté, à voir de jour en jour les petits progrès qu'on y fait, à combattre par des transports, par des larmes et des soupirs, l'innocente pudeur d'une âme qui a peine à rendre les armes, à forcer pied à pied toutes les petites résistances qu'elle nous oppose, à vaincre les scrupules dont elle se fait un honneur, et la mener doucement où nous avons envie de la faire venir.**

Mais lorsqu'on en est maître une fois, il n'y a plus rien à dire, ni rien à souhaiter ; tout le beau de la passion est fini, et nous nous endormons dans la tranquillité d'un tel amour, si quelque objet nouveau ne vient réveiller nos désirs et présenter à notre cœur les charmes attrayants d'une conquête à faire. Enfin il n'est rien de si doux que de triompher de la résistance d'une belle personne, et j'ai sur ce sujet l'ambition des conquérants, qui volent perpétuellement de victoire en victoire, et ne peuvent se résoudre à borner leurs souhaits. Il n'est rien qui puisse arrêter l'impétuosité de mes désirs : je me sens un cœur à aimer toute la terre ; et comme Alexandre, je souhaiterais qu'il y eût d'autres mondes, pour y pouvoir étendre mes conquêtes amoureuses.

COMMENTAIRE COMPOSÉ

[Introduction][1]

Au moment où commence ce long couplet lyrique, Don Juan vient juste de faire sa première apparition sur scène et de surprendre les valets Gusman et Sganarelle, dont le dialogue savoureux nous a déjà donné une idée du héros et de sa conception de la vie. Cette entrée crée un effet dramatique et comique en confrontant le personnage principal à l'image qu'on a de lui à travers les valets. Sganarelle désapprouve la conduite de son maître qui vient d'abandonner sa femme Elvire. Pour se justifier, Don Juan expose avec brio sa philosophie de l'amour. Nous en étudierons d'abord le contenu ; puis nous verrons comment cette philosophie exprime la personnalité du libertin, avant de montrer sa brillante maîtrise du langage.

1. Pour faciliter la compréhension immédiate du plan de notre commentaire, nous avons indiqué chaque fois, entre crochets, l'idée centrale de chaque partie. Il est bien évident que cette indication ne doit jamais figurer dans une copie. Il en va de même pour les parenthèses explicatives qui éclairent les mots difficiles.

[La doctrine de Don Juan en amour]

La doctrine de Don Juan en amour est claire et suit dans ce texte une progression rigoureuse. Après avoir vigoureusement critiqué la fidélité (l. 1 à 8), il fait l'éloge de l'inconstance en invoquant le charme irrésistible qu'exerce sur lui la beauté (l. 8-25) ; il expose alors sa stratégie, qui fait de la conquête amoureuse une entreprise aussi exaltante que la conquête guerrière (l. 25 à 50). Peu à peu, au fil du texte, Don Juan se pose en conquérant de plus en plus mégalomane pour qui l'amour est une façon d'affirmer un pouvoir. Du refus et de la révolte, il passe à l'affirmation et à la jubilation.

Don Juan se présente comme un homme libre qui n'admet aucun obstacle à sa liberté. C'est pourquoi la fidélité lui paraît le pire ennemi de l'amour : « La belle chose de vouloir se piquer d'un faux honneur d'être fidèle » (l. 4). La fidélité est un emprisonnement volontaire, qui en forçant à faire un choix élimine les autres possibilités que le libertin entend maintenir le plus largement ouvertes. Elle est la mort de la passion amoureuse, car la possession enlève au désir sa force et son attrait : « lorsqu'on en est maître une fois [...] tout le beau de la passion est fini, et nous nous endormons dans la tranquillité d'un tel amour » (l. 35-38). Voilà pourquoi le meilleur de l'amour est dans la fraîcheur de ses débuts, dans l'excitante nouveauté des « inclinations naissantes » (l. 23).

Don Juan refuse la tiédeur en amour. Il veut que son désir conserve sa fièvre et son impatience. En fait, ce qu'il désire, c'est le désir lui-même. On peut dire que le désir du plaisir l'intéresse moins que le plaisir du désir. C'est pourquoi peu lui importe qui il aime pourvu qu'il aime. Par cette conduite narcissique dans laquelle il se plaît d'abord à lui-même, Don Juan cherche à échapper à l'espace et au temps.

Pour durer, l'amour doit donc, pour lui, reposer sur l'inconstance, qui par l'attrait de la nouveauté maintient le désir en alerte : « tout le plaisir de l'amour est dans le changement » (l. 25). Cette phrase définit le donjuanisme, qui fait de la multiplication des conquêtes la condition de l'amour. Don Juan est le contraire de Tristan pour qui

Yseult est le seul et unique amour de sa vie. A l'éternité de la passion amoureuse, Don Juan oppose la succession fiévreuse des instants. A la « passion » au singulier (l. 6), il préfère le pluriel des rencontres multipliées qui satisfont son désir de totalité, marqué par la répétition de l'adjectif « toutes » : « *Toutes* les belles ont droit de nous charmer, et l'avantage d'être rencontrée la première ne doit point dérober aux autres les justes prétentions qu'elles ont *toutes* sur nos cœurs » (l. 9-13).

Don Juan justifie cette inconstance par l'attrait irrésistible qu'exerce sur lui la beauté féminine : « Pour moi, la beauté me ravit partout où je la trouve, et je cède facilement à cette douce violence dont elle nous entraîne » (l. 13). Toujours à la recherche du plaisir des sens, il est immédiatement sensible à la beauté qui se présente à lui et, comme s'il cédait à une urgence, il veut sans attendre tirer plaisir d'elle : « je ne puis refuser mon cœur à tout ce que je vois d'aimable, et dès qu'un beau visage me le demande, si j'en avais dix mille, je les donnerais tous » (l. 20-23). L'amour a sur lui un pouvoir fatal et inévitable, que traduisent les mots « ravit », « cède », « entraîne », ou encore « charmer », qui a au XVIIe siècle un sens fort et veut dire « envoûter », « ensorceler ». Le libertin a besoin de cet envoûtement. Paradoxalement si le séducteur est actif et dominateur lorsqu'il attaque ses proies, il est passif devant le désir.

Mais il y a aussi dans cette conception de l'amour un plaisir de la séduction qui prend la forme d'un combat amoureux et apparente l'art de l'amour à l'art de la guerre. La femme est présentée comme un ennemi dont l'amant libertin veut triompher exactement comme dans une lutte armée. C'est le vocabulaire militaire qui décrit l'entreprise amoureuse : « On goûte une douceur extrême à *réduire* par cent hommages le cœur d'une jeune beauté, à voir de jour en jour les petits progrès qu'on y fait, à *combattre* par des transports, par des larmes et des soupirs, l'innocente pudeur d'une âme qui a peine à *rendre les armes,* à *forcer pied à pied* toutes les petites *résistances qu'elle nous oppose,* à *vaincre* les scrupules dont elle se fait un honneur » (l. 25-33). L'amour est pour le libertin une façon d'assouvir un besoin de puissance et de domination.

Rappelons que l'aristocratie a perdu après la Fronde, complot manqué de la noblesse contre l'État, une partie de ses prérogatives habituelles en matière de guerre et de diplomatie. Louis XIV, pour domestiquer les grands seigneurs naturellement rebelles à la monarchie absolue, les a transformés en courtisans inoffensifs dans la prison dorée de Versailles. La littérature et la galanterie devinrent alors des compensations grâce auxquelles ils pouvaient en partie assouvir leur volonté de puissance.

[Un portrait du libertin]

Cette profession de foi sur l'amour nous permet aussi de nous faire une idée plus précise de la personnalité du libertin. Ce qui frappe d'abord, c'est sa revendication d'une liberté absolue. L'inconstance suppose en effet une disponibilité complète et le refus de s'attacher : « je ne puis refuser mon cœur à tout ce que je vois d'aimable, et dès qu'un beau visage me le demande, si j'en avais dix mille, je les donnerais tous ». Don Juan ne supporte pas l'idée d'être lié définitivement à une femme. C'est pourquoi sa frénésie amoureuse est aussi une fuite et une peur de la dépendance. D'une façon provocante, il remet en cause les règles morales traditionnelles et notamment le mariage qui consacre socialement l'amour : « Quoi ! tu veux qu'on se lie à demeurer au premier objet qui nous prend, qu'on renonce au monde pour lui, et qu'on n'ait plus d'yeux pour personne ? » (l. 1). En disant cela, il pense à sa femme Elvire qu'il vient de quitter et à qui il va devoir rendre des comptes. Mais ce désir de liberté totale a pour conséquence une instabilité et une insatiabilité sans répit. Don Juan ne peut demeurer en repos. Sa vie est une perpétuelle fuite en avant. Il lui faut agir sans arrêt sous peine de tomber dans l'ennui : « j'ai sur ce sujet l'ambition des conquérants, qui volent perpétuellement de victoire en victoire, et ne peuvent se résoudre à borner leurs souhaits » (l. 42-45). Le libertin est donc au moins esclave de son désir sensuel. Il le justifie par la très haute idée qu'il a de lui-même.

Don Juan est en effet plein d'orgueil. Ceux qui choisissent la tranquillité bourgeoise de la fidélité, les amours molles et souvent médiocres du mariage, s'attirent son mépris : « Non, non, la constance n'est bonne que pour des ridicules » (l. 8). Il a besoin quant à lui du risque et du danger de la passion amoureuse, qui le met au ban de la société. Il devra par exemple affronter les frères d'Elvire qui voudront venger le déshonneur de leur sœur. Cette situation lui plaît. Il considère qu'il est le plus fort et que rien ne peut entraver son appétit de domination : « Il n'est rien qui puisse arrêter l'impétuosité de mes désirs » (l. 45). Cet orgueil l'entraîne à la mégalomanie. Il se compare à Alexandre, le célèbre conquérant antique, qui était au XVIIe siècle, chez les moralistes et les prédicateurs, le symbole de la démesure. L'amour n'est donc pas pour lui une fin, mais un moyen de s'affirmer.

Il le considère en esthète, c'est-à-dire en attachant plus d'importance à sa façon d'aimer qu'aux gens qu'il aime. L'amour est un art, indépendant de ceux qui le pratiquent. Les femmes sont pour le libertin des jouets dont il se lasse aussi vite qu'il s'est épris d'elles. Plus que des individus, il a le culte de la beauté : « la beauté me ravit partout où je la trouve » (l. 13). En esthète raffiné, il sait jouir du plaisir de la contemplation, comme en témoignent les nombreuses références au regard : « tu veux [...] qu'on n'ait d'yeux pour personne » (l. 1-4), « les autres beautés qui nous peuvent frapper les yeux » (l. 7), « je conserve des yeux pour voir » (l. 18), « tout ce que je vois d'aimable » (l. 21). Quand il séduit une femme, Don Juan attache, par ailleurs, un grand soin à chacune des opérations qui le conduisent à la victoire finale.

Manipulateur subtil et maître absolu des apparences, Don Juan a, comme arme favorite, l'hypocrisie. L'amour est pour lui une comédie dont il connaît tous les mécanismes. Il sait habilement flatter la proie qu'il approche, en lui rendant « cent hommages » (l. 26). Il sait utiliser la pitié grâce au pouvoir « des transports » [= au XVIIe siècle, émotion vive et passionnée qui emporte celui qui l'éprouve], « des larmes et des soupirs » (l. 29). Son plaisir est accru par sa conscience de faire le mal. Il aime corrompre les jeunes femmes naïves et salir « l'innocente pudeur d'une âme qui a peine à rendre les armes ». Avec sadisme, il se délecte des tourments qu'il inflige à la femme qu'il dévoie, en venant à bout des « scrupules dont elle se fait un honneur » (l. 32-33). Hypocrisie, corruption, cruauté, tels sont les piments dont le libertin a besoin pour aimer. Sans aucun respect de la personne humaine, il fait de l'amour une occasion d'améliorer son style et d'affirmer sa maîtrise. Le sentiment joue pour lui un rôle moins important que la volonté. Son plaisir suprême est de voir les faits coïncider avec son désir et le résultat confirmer son projet, en menant sa victime où il a « envie de la faire venir » (l. 34). Dans cette affirmation de soi, le langage joue un rôle primordial, qu'il importe maintenant de préciser.

[Un brillant plaidoyer]

Cette tirade est en effet un brillant plaidoyer qui, malgré l'immoralisme du contenu, séduit le spectateur. Nous désapprouvons la cruauté du libertin, mais nous admirons son audace. Examinons les éléments qui font le pouvoir de persuasion de son langage.

Don Juan s'exprime d'abord avec élégance et distinction. Sa langue manifeste autant l'éducation de l'aristocrate que les raffinements de l'esthète ; elle contraste comiquement avec la balourdise et le pédantisme du valet Sganarelle. Son vocabulaire est toujours précis et choisi. Le mot « objet » par exemple désigne la personne aimée en style galant. L'expression « se piquer de » au sens de : mettre un point d'honneur à posséder une qualité, appartient à un registre élevé de langue. Quant au rythme des phrases, il donne une impression d'harmonie qui traduit le détachement supérieur du libertin. Sa tirade est cadencée comme un poème avec de nombreux octosyllabes : « Quoi ! tu veux qu'on se lie à demeurer */ au premier objet qui nous prend, / qu'on renonce au monde pour lui, / et qu'on n'ait plus d'yeux pour personne ? /* La belle chose de vouloir se piquer */ d'un faux honneur d'être fidèle /* de s'ensevelir pour toujours dans une passion, */ et d'être mort dès sa jeunesse / à toutes les autres beautés / qui nous peuvent frapper les yeux !»* (l. 1-8). Ce rythme régulier agit comme une incantation qui endort la conscience critique.

Don Juan sait aussi frapper l'esprit et l'imagination. Il aime les comparaisons, qui donnent à sa pensée une plus grande force de conviction. Ce texte comprend deux réseaux d'images. Nous avons déjà vu le premier qui assimile l'amour à la guerre. Le second est plus subtil. Il utilise le langage juridique pour légitimer l'inconstance du protagoniste : « engagé », « faire injustice », « mérite », « tributs où la nature nous oblige ». En rupture avec la conception habituelle des mœurs, Don Juan se crée un nouveau droit. Il se réclame pour cela de la « nature » qui lui semble une puissance plus souveraine que celle des lois sociales. Pour les libertins, la « nature » est ce qui, dans l'homme, est la manifestation la plus authentique de la force et de l'ordre qui animent l'univers, par opposition à tout ce qui vient de l'éducation, de la coutume, de la raison et de la religion.

L'autre façon de frapper l'imagination est l'emploi d'hyperboles [expressions qui outrent la pensée pour la rendre plus frappante]. S'attacher durablement à une femme devient dans la bouche de Don Juan « s'ensevelir pour toujours dans une passion » et « être mort dès sa jeunesse » (l. 5-7). Un cœur ne lui suffit pas, il en voudrait « dix mille ». De même, il ne saurait se contenter de l'amour de quelques femmes, il se sent « un cœur à aimer toute la terre » (l. 47) ; bien plus, il est prêt à faire la conquête amoureuse « d'autres mondes » (l. 48). Ces hyperboles manifestent la mégalomanie et le fol orgueil du personnage.

Don Juan enfin sait communiquer par les mots son énergie et sa joie de vivre. Sa phrase est tonique. Il attaque vivement sa tirade par des exclamations et des interrogations : « Quoi ! tu veux qu'on se lie [...] ? La belle chose de vouloir se piquer d'un faux honneur d'être fidèle [...] ! » Homme d'action, sa volonté et son allégresse s'expriment principalement par l'abondance des verbes : « On *goûte* une douceur extrême à *réduire* par cent hommages le cœur d'une jeune beauté, à *voir* de jour en jour les petits progrès qu'on y *fait*, à *combattre* par des transports, par des larmes et des soupirs, l'innocente pudeur d'une âme qui *a peine* à *rendre* les armes, à *forcer* pied à pied toutes les petites résistances qu'elle nous *oppose*, à *vaincre* les scrupules dont elle se *fait* un honneur, et la *mener* doucement où nous *avons envie* de la *faire venir* » (l. 26-34). Il est difficile après cela de ne pas être séduit par son brio, même si sur le fond, on le désapprouve. Le spectateur se trouve dans la position de Sganarelle qui, un instant fasciné, ne sait comment réagir avant de condamner l'attitude odieuse de son maître à l'égard d'Elvire : « je ne sais que dire ; car vous tournez les choses d'une manière qu'il semble que vous avez raison ; et cependant il est vrai que vous ne l'avez pas. »

[Conclusion]

Profession de foi libertine, portrait d'un immoraliste, morceau de bravoure, ce texte apporte un éclairage essentiel pour la suite de l'intrigue. Le héros y apparaît comme un « grand seigneur méchant homme » qui revendique fièrement sa liberté et fait de l'amour un art de vivre et le moyen d'asseoir sur les autres une domination. C'est aussi un homme révolté. Il dénonce les contraintes asphyxiantes de la fidélité, la résignation paresseuse de ceux qui, par peur, renoncent à réaliser leurs désirs. Il plaide pour une vie dynamique, régénérée sans cesse par le changement. Comme Sganarelle, le spectateur est fasciné par ce personnage hors du commun qui se dépense avec démesure. Il est choqué par son orgueil et son égoïsme, mais il est séduit par son impertinence, sa prestance et son cran.

3 ACTE I, scène 3

[L'arrivée d'Elvire]

DONE ELVIRE / **Me ferez-vous la grâce, Don Juan, de vouloir bien me reconnaître ? et puis-je au moins espérer que vous daigniez tourner le visage de ce côté ?** DON JUAN / **Madame, je vous avoue que je suis surpris, et que je ne vous attendais pas ici.** DONE ELVIRE / **Oui, je vois bien que vous ne m'y attendiez pas ; et vous êtes surpris, à la vérité, mais tout autrement que je ne l'espérais ; et la manière dont vous le paraissez me persuade pleinement ce que je refusais de croire. J'admire ma simplicité et la faiblesse de mon cœur à douter d'une trahison que tant d'apparences me confirmaient. J'ai été assez bonne, je le confesse, ou plutôt assez sotte, pour me vouloir tromper moi-même et travailler à démentir mes yeux et mon jugement. J'ai cherché des raisons pour excuser à ma tendresse le relâchement d'amitié qu'elle voyait en vous ; et je me suis forgé exprès cent sujets légitimes d'un départ si précipité, pour vous justifier du crime dont ma raison vous accusait. Mes justes soupçons chaque jour avaient beau me parler, j'en rejetais la voix qui vous rendait criminel à mes yeux, et j'écoutais avec plaisir mille chimères ridicules qui vous peignaient innocent à mon cœur. Mais enfin cet abord ne me permet plus de douter, et le coup d'œil qui m'a reçue m'apprend bien plus de choses que je ne voudrais en savoir. Je serai bien aise pourtant d'ouïr de votre bouche les raisons de votre départ. Parlez, Don Juan, je vous prie, et voyons de quel air vous saurez vous justifier.** DON JUAN / **Madame, voilà Sganarelle qui sait pourquoi je suis parti.**

EXPLICATION DE TEXTE

Situation

Don Juan vient d'abandonner lâchement Elvire, son épouse, après avoir pour cela forcé « l'obstacle sacré d'un couvent ». Malgré cette trahison, la jeune femme continue à l'aimer passionnément. Elle se lance à sa recherche et le retrouve au moment où il s'apprête à enlever, en compagnie de Sganarelle, une jeune fiancée dont il s'est épris. Don Juan feint de ne pas reconnaître sa femme, car elle ne représente désormais plus rien pour lui. Il est par ailleurs irrité par ce contretemps qui l'oblige à retarder l'exécution de sa nouvelle entreprise amoureuse.

Composition et mouvement

Le passage comprend trois moments : la surprise agacée du mari qui revoit soudain l'épouse qu'il vient d'abandonner (l. 1 à 5), la tirade pathétique d'Elvire (l. 6 à 30) et enfin la dérobade insolente du héros (l. 30-31).

Bien que nous soyons dans une comédie, Elvire est un personnage de tragédie. Elle apparaît ici en femme trahie, mais aussi en amante passionnée. La sympathie qu'on éprouve pour elle est soulignée par les courtes répliques de Don Juan, qui ajoutent à sa lâcheté une méchanceté humiliante.

- *La surprise de Don Juan (l. 1 à 5)*

Désemparée par l'attitude de son mari, Elvire est blessée dans son amour, mais aussi dans son amour-propre. Elle a néanmoins le courage de surmonter son désarroi et de venir presser Don Juan de justifier son départ. Par pudeur, elle ne l'attaque pas violemment, mais le ton qu'elle utilise manifeste indirectement ses sentiments. Son attitude est double : elle a compris la vérité, mais au lieu d'être ferme, elle s'humilie comme si elle ne voulait pas la comprendre. Elle s'adresse à lui en accumulant des formules de politesse, qui font ressortir ironiquement la douleur de la femme offensée : « Me ferez-vous la grâce, Don Juan, de vouloir bien… » (l. 1), « puis-je au moins espérer que vous daigniez… » (l. 2-3). En lui demandant de « vouloir bien [la] reconnaître », elle suggère que Don Juan a déjà pris la décision de l'oublier.

Elle fait par ailleurs appel à sa condescendance : « puis-je au moins espérer que vous *daigniez* tourner le visage de ce côté ? » [La condescendance est une complaisance par laquelle on s'abaisse au niveau d'autrui ou un sentiment de supériorité bienveillante mêlée de mépris]. De cette façon, Elvire souligne l'attitude offensante et lâche de son mari, mais en implorant des explications elle accepte cette humiliation.

Le rythme égal et harmonieux de la phrase traduit l'élégance de la grande dame qui répugne à révéler son intimité. Elvire cherche à donner une impression de calme et de détachement. Mais cette politesse est ironique : pour qui sait l'entendre, elle révèle passion et indignation.

Don Juan répond en persiflant [= tourner quelqu'un en ridicule sur un ton de plaisanterie ironique]. Il blesse avec insolence la femme sincère en affectant la sincérité : « Je vous avoue » (l. 4). Cet aveu suggère cependant les véritables sentiments de Don Juan : il n'éprouve plus aucun amour pour Elvire. Il se déclare « surpris » (l. 5), mot qui est, dans sa bouche, un euphémisme destiné à faire comprendre qu'il est excédé. [L'euphémisme est une figure de style qui consiste à adoucir par l'expression une idée désagréable.] En ajoutant qu'il n'attendait pas cette visite : « je ne vous attendais pas ici », il souligne par un nouvel euphémisme combien Elvire est devenue importune et indésirable. Sous la politesse de l'expression Don Juan dévoile brutalement ses sentiments.

• *La confession d'Elvire (l. 6 à 30)*

Face à la froideur de Don Juan, Elvire s'abandonne au désarroi et à l'indignation. Sa confession se déroule en trois temps : après avoir répondu à l'insolence de Don Juan (l. 6 à 10), elle reconnaît sa faiblesse (l. 10 à 24) et demande avec fermeté des explications (l. 24 à 30).

1. Lignes 6 à 10. Elvire, qui avait encore quelque espoir de retrouver l'amour de Don Juan, n'a maintenant plus aucune illusion ; c'est pourquoi elle peut s'exprimer en toute franchise. En reprenant avec « attendiez » et « surpris » les termes mêmes de Don Juan, elle manifeste sa souffrance devant une déception prévue, mais à laquelle, par amour, elle ne voulait pas croire. Elle souligne l'ambiguïté des paroles de Don Juan et en dégage la signification blessante et douloureuse : « vous êtes surpris à la vérité, mais tout autrement que je ne l'espérais » (l. 7).

2. Lignes 10 à 24. Tout naturellement, elle cède à un mouvement de colère et de honte, à la pensée d'avoir été ainsi bernée par son mari. Elle avoue sa faiblesse et se présente en femme déchirée par le conflit de l'amour et de la raison. La logique du « cœur » l'a emporté sur celle du « jugement ». Elle retourne contre elle-même son énergie comme pour se punir de cette erreur. Elle accuse sa « simplicité » [= crédulité excessive] et sa « faiblesse » ; elle déplore d'avoir été « assez bonne [...] ou plutôt assez sotte ». Mais en même temps elle démonte avec une lucidité racinienne le mécanisme de l'aveuglement amoureux. Bien consciente de la « trahison », elle l'ignore volontairement. Elvire exprime deux fois cette idée en l'amplifiant : à l'expression « me vouloir / tromper / moi-même » correspond, d'une manière parallèle, « travailler / à démentir / mes yeux et mon jugement ». L'accumulation des verbes traduit l'intensité de cet aveuglement volontaire.

Ce désir de se punir elle-même de ses fautes par une humiliante confession pousse Elvire à n'attaquer Don Juan qu'avec mesure et discrétion. Elle ne le met pas directement en cause. Elle s'accuse de sa « faiblesse », mais elle ne le critique pas. Elle dénigre la conduite au lieu de condamner l'homme : elle parle de « trahison », mais n'emploie pas le mot : traître. Cette analyse lucide et sévère des erreurs qu'elle a commises et des mensonges conscients auxquels elle s'est abandonnée n'est-elle pas une façon de disculper Don Juan ? Si elle avait été plus lucide, elle n'en serait pas là ! En tout cas, elle minimise la part de responsabilité de Don Juan et parle à propos de leur rupture de « relâchement d'amitié » (l. 16-17), alors qu'il s'agit d'un vulgaire et brutal abandon. Cet euphémisme exprime aussi une réaction de pudeur pour un sentiment auquel elle a beaucoup cru. Devant cette femme lucide qui sait rester digne dans le chagrin, nous éprouvons un sentiment d'estime et de compassion.

Le récit de ce combat intérieur pour faire taire la voix de la raison et entretenir une illusion volontaire manifeste un courageux effort de lucidité, mais c'est aussi un bel aveu d'amour. Malgré le mépris qu'elle peut ressentir pour lui, Elvire ne peut s'empêcher d'aimer Don Juan. Elle illustre ainsi une idée fréquemment développée par les moralistes de l'époque comme Pascal ou La Rochefoucauld : la raison finit toujours par céder au cœur.

Pour avouer sa faiblesse, Elvire parle avec la précision et la limpidité qui sont les caractéristiques du clacissisme. A propos de ses sentiments, elle parle de « tendresse » plutôt que d'amour, car en femme trahie qui veut garder sa dignité, elle ne peut étaler trop ouvertement ce qu'elle ressent.

3. Lignes 24 à 30. Cette réaction de dignité se confirme dans la dernière partie de la tirade : Elvire veut bien avouer son amour et les illusions auxquelles elle s'est complu, mais elle tient à conserver son amour-propre. L'accueil glacé de Don Juan lui ramène à l'esprit la pensée cruelle de la trahison : « Mais enfin cet abord ne me permet plus de douter » (l. 24). Elle le somme de s'expliquer : « Je serai bien aise pourtant d'ouïr de votre bouche les raisons de votre départ. Parlez, Don Juan, je vous prie, et voyons de quel air vous saurez vous justifier » (l. 27-30). Mais ce fier défi est une nouvelle preuve de faiblesse, car elle sait pertinemment qu'il n'y a rien à expliquer et que Don Juan a définitivement renoncé à elle. Cette sommation sonne aussi comme un dernier appel : malgré l'évidence, l'épouse délaissée espère secrètement qu'une réconciliation est encore possible.

• *La dérobade de Don Juan (l. 30-31)*

L'appel d'Elvire ne sera pas entendu. Don Juan lui répond avec une grossière désinvolture. Outre qu'il la reçoit en présence de son valet et ne l'invite pas à s'asseoir, il demande à Sganarelle de s'expliquer à sa place : « Madame, voilà Sganarelle qui sait pourquoi je suis parti. » Cette sécheresse méchante humilie la « grande dame », mais elle est aussi une lâcheté : Don Juan se dérobe sans noblesse. Il refuse le dialogue, parce qu'il veut en finir au plus vite. Contraint cependant dans la suite de la scène à donner des explications, il imputera sa décision de rompre à des scrupules religieux dont il sait qu'elle n'est pas dupe. Cette dérobade anti-héroïque est choquante, mais elle s'explique dans la mesure où Don Juan, être de l'immédiat, agit comme s'il n'avait pas de passé. Installé dans l'éternel présent de son désir, il se place en dehors du Temps qui engage durablement les individus. La vie de Don Juan est donc une continuelle fuite.

Conclusion

La conduite inhumaine et odieuse de Don Juan rend plus émouvante la confession d'Elvire qui nous apparaît digne et touchante. Nous sommes dans une comédie, mais le climat de cette scène est pathétique. Elvire parle comme une héroïne de tragédie. Le lyrisme de sa tirade rappelle celui des jeunes femmes chez Racine, emportées malgré elles dans une passion sans issue. Elle représente en outre, d'une manière exemplaire, la conduite de Don Juan face aux femmes. Cette scène s'est répétée de nombreuses fois dans les mêmes conditions. Molière a cependant réussi à rendre Elvire unique, par l'authenticité et la sincérité de son amour. Dans l'économie de la pièce, le libertin scelle ici davantage son destin et justifie par sa méchanceté le châtiment qui s'approche.

PLAN POUR UN COMMENTAIRE COMPOSÉ

1. Un exemple du comportement de Don Juan face aux femmes

Elvire résume toutes les femmes que Don Juan a abandonnées.

a. La grossièreté et la lâcheté du séducteur :

- Don Juan n'aime pas les scènes de rupture et de remontrances.
- Lâche dérobade qui rend plus émouvante la sincérité d'Elvire.

b. Une scène qui scelle le destin du héros infidèle : en bafouant les liens sacrés du mariage et en offensant sans pitié une femme digne et amoureuse, Don Juan justifie davantage le châtiment qui l'attend.

2. Une analyse classique de la passion amoureuse

a. Le débat du cœur et de la raison :

- La toute puissance du cœur.
- L'émouvant effort de lucidité pour comprendre la faiblesse du cœur.

b. Le conflit de l'amour et de l'amour-propre : Elvire hésite entre le désir d'exprimer son dépit amoureux et celui de conserver sa dignité.

3. Elvire : héroïne de tragédie

a. Une scène de dépit amoureux...

- En s'humiliant devant Don Juan, Elvire se punit de sa faiblesse.

b. ... qui est aussi un bel aveu d'amour.

c. Un lyrisme racinien :

- La pudeur de la femme blessée.
- Un langage de l'émotion.
- La noblesse.

4 Acte II, scène 2

[Le séducteur en action]

DON JUAN / **Ah ! la belle personne, et que ses yeux sont pénétrants !** CHARLOTTE / **Monsieur, vous me rendez toute honteuse.** DON JUAN / **Ah ! n'ayez point de honte d'entendre dire vos vérités. Sganarelle, qu'en dis-tu ? Peut-on rien voir de plus agréable ? Tournez-vous un peu, s'il vous plaît. Ah ! que cette taille est jolie ! Haussez un peu la tête, de grâce. Ah ! que ce visage est mignon ! Ouvrez vos yeux entièrement. Ah ! qu'ils sont beaux ! Que je voie un peu vos dents, je vous prie. Ah ! qu'elles sont amoureuses, et ces lèvres appétissantes ! Pour moi, je suis ravi, et je n'ai jamais vu une si charmante personne.** CHARLOTTE / **Monsieur, cela vous plaît à dire, et je ne sais pas si c'est pour vous railler de moi.** DON JUAN / **Moi, me railler de vous ? Dieu m'en garde ! je vous aime trop pour cela, et c'est du fond du cœur que je vous parle.** CHARLOTTE / **Je vous suis bien obligée, si ça est.** DON JUAN / **Point du tout, vous ne m'êtes point obligée de tout ce que je dis, et ce n'est qu'à votre beauté que vous en êtes redevable.** CHARLOTTE / **Monsieur, tout ça est trop bien dit pour moi, et je n'ai pas d'esprit pour vous répondre.** DON JUAN / **Sganarelle, regarde un peu ses mains.** CHARLOTTE / **Fi ! Monsieur, elles sont noires comme je ne sais quoi.** DON JUAN / **Ha ! que dites-vous là ? Elles sont les plus belles du monde ; souffrez que je les baise, je vous prie.** CHARLOTTE / **Monsieur, c'est trop d'honneur que vous me faites, et, si j'avais su ça tantôt, je n'aurais pas manqué de les laver avec du son.** DON JUAN / **Et dites-moi un peu, belle Charlotte, vous n'êtes pas mariée, sans doute ?** CHARLOTTE / **Non, Monsieur ; mais je dois bientôt l'être avec Piarrot, le fils de la voisine Simo-**

nette. DON JUAN / **Quoi ! une personne comme vous serait la femme d'un simple paysan ? Non, non, c'est profaner tant de beautés, et vous n'êtes pas née pour demeurer dans un village. Vous méritez sans doute une meilleure fortune, et le Ciel, qui le connaît bien, m'a conduit ici tout exprès pour empêcher ce mariage, et rendre justice à vos charmes ; car enfin, belle Charlotte, je vous aime de tout mon cœur, et il ne tiendra qu'à vous que je vous arrache de ce misérable lieu, et ne vous mette dans l'état où vous méritez d'être.**

PLAN RÉDIGÉ

(Pour un commentaire composé ou une lecture méthodique en vue de l'oral).

Présentation

Après la tension du premier acte marqué par la rupture de Don Juan avec Elvire, le second est un intermède de farce qui vise à nous détendre. Don Juan a cherché à enlever une jeune femme, pendant une promenade en mer que lui offrait son fiancé. Mais une « bourrasque imprévue » empêche la réalisation du projet. Don Juan et Sganarelle font naufrage, mais ils sont sauvés par Pierrot, un paysan amoureux de Charlotte. A peine revenu à terre, le héros s'éprend de Mathurine, une jeune paysanne à qui il promet le mariage. Puis il aperçoit Charlotte qu'il décide aussi de séduire, en profitant d'une absence de Pierrot.

1. La stratégie du séducteur

Molière a voulu dans cette scène nous donner un raccourci frappant de la stratégie utilisée par Don Juan pour abuser les femmes. Elle consiste à flatter, charmer et promettre.

• *Flatter*

Pour Don Juan, parler, c'est agir. Sa stratégie de séduction repose d'abord sur la parole qui persuade. Mieux que personne, il sait que la flatterie exerce un pouvoir de séduction auquel il est difficile de résister. Les femmes, même si elles restent méfiantes, sont toujours sensibles aux éloges qu'on peut faire de leur beauté. Charlotte ne fait pas exception. Chez Don Juan, la flatterie commence par un étonnement prolongé que marquent les multiples exclamations et interrogations qui ponctuent son discours. La répétition insistante de l'interjection « Ah ! », qui exprime l'admiration et plaisir physique, rythme cet étonnement et agit comme une incantation qui anesthésie la résistance critique de la proie.

Don Juan donne le vertige à Charlotte, en faisant résonner à ses oreilles une cascade d'adjectifs élogieux : « belle », « pénétrants », « agréable », « jolie », « mignon », « beaux », « amoureuses », « appétissantes », « charmante ». Il abuse du superlatif : « Peut-on rien voir de plus agréable ? » (l. 5), « je n'ai jamais vu une si charmante personne » (l. 12-13), « Elles sont les plus belles du monde » (l. 27). La répétition des mêmes mots ou expressions ajoute encore à cet assaut verbal. Les mots « beau », « belle », « beauté » reviennent six fois dans le texte. La formule « je vous aime trop pour cela, et c'est du fond du cœur que je vous parle » (l. 16-17), réapparaît d'une manière condensée à la fin du texte : « je vous aime de tout mon cœur » (l. 42-43). Don Juan, qui a compris la secrète ambition de Charlotte, flatte aussi habilement sa vanité et son désir d'ascension sociale : elle mérite mieux qu'« un simple paysan » (l. 36) !

• *Charmer*

La flatterie a d'autant plus de pouvoir qu'elle émane, dans le cas de Don Juan, d'un homme beau et paré de tous les prestiges de l'aristocrate. Il impressionne par sa prestance physique et la richesse de ses habits, qui nous ont été décrits précédemment. Sa désinvolture et l'élégance de ses manières tranchent avec la balourdise et la rusticité de Pierrot. Mais c'est par l'allure noble de son discours qu'il se distingue le plus. Il use d'un ton courtois pour faire sa déclaration : « n'ayez point de honte d'entendre dire vos vérités » (l. 4), « s'il vous plaît », « de grâce », « je vous prie », « souffrez que je les baise, je vous prie » (l. 27-28). Il sait tourner le compliment avec un raffinement précieux : « Point du tout, vous ne m'êtes point obligée de tout ce que je dis, et ce n'est qu'à votre beauté que vous en êtes redevable » (l. 19-21). Charlotte n'a sûrement pas l'habitude d'être traitée avec autant d'égards.

• *Promettre*

La flatterie et le charme personnel seraient insuffisants pour séduire promptement, si Don Juan ne faisait pas implicitement une promesse de mariage. C'est l'estocade qui, en apportant une preuve décisive de bonne foi, enlève à la victime les derniers doutes. Rappelons que le mariage a, au XVIIe siècle, un caractère beaucoup plus sacré qu'aujourd'hui, qu'il est indissoluble et qu'une femme abandonnée, comme l'a été Elvire, est vouée à la honte et au déshonneur. En contractant ces mariages qu'il rompt aussitôt, Don Juan prend des risques : ainsi les frères d'Elvire sont partis à sa poursuite et veulent sa mort.

Mais cela ne l'arrête pas. Pour lui, le mariage n'est qu'un moyen de parvenir à ses fins. C'est pourquoi il le fait très vite intervenir dans sa déclaration : « vous n'êtes pas mariée, sans doute ? » (l. 32). Charlotte se méfiera avant de céder, car elle est promise à Pierrot. En attendant, elle est surprise par la hâte du libertin qui propose de l'enlever. Plus loin dans la scène, il sera tout à fait clair : « je n'ai point d'autre dessein que de vous épouser ».

2. Les acteurs du combat amoureux

Pour Don Juan l'amour est un combat qui prend d'autant plus d'intérêt que son adversaire lui résiste. Ce jeu bien sûr est cruel et révèle la perversion du personnage.

• *La résistance de Charlotte*

Charlotte est éblouie par Don Juan. Elle qui dans la scène précédente avait une position supérieure et manifestait à l'égard de Pierrot dédain et froideur, se trouve maintenant dans la situation fragile de l'amoureuse. Consciente, de surcroît, de la barrière sociale qui la sépare de Don Juan, elle adopte un ton de soumission : « Je vous suis bien obligée », « Monsieur, c'est trop d'honneur que vous me faites ». Elle ne cède pas sans résistance, car elle n'est pas sotte et ne manque pas de qualités morales. Les éloges de Don Juan la gênent et alertent sa pudeur : « Monsieur, vous me rendez toute honteuse. » Elle a de l'amour-propre et le sens de sa dignité : « Monsieur, cela vous plaît à dire, et je ne sais pas si c'est pour vous railler de moi. » Elle connaît ses limites et le signale au libertin qui la met mal à l'aise par ses subtilités verbales : « Monsieur, tout ça est trop bien dit pour moi, et je n'ai pas d'esprit pour vous répondre. » Elle est honnête, et bien qu'elle soit peu enthousiasmée par Pierrot, elle révèle qu'elle lui est promise.

Mais cette prudence et ce bon sens paysans ne sont pas assez forts pour résister au plaisir de la vanité. Charlotte écoute avec complaisance les éloges appuyés de Don Juan. Elle ne refuse pas le baiser qu'il lui donne sur la main. Loin de s'indigner, elle réagit même avec coquetterie : « si j'avais su ça tantôt, je n'aurais pas manqué de les laver avec du son » (l. 30-31). On sent qu'elle fait un effort d'expression pour se mettre au niveau de Don Juan, en évitant les tournures et les jurons de son patois. Poussée enfin par une secrète ambition, elle écoute avec intérêt ses alléchantes propositions. Il se présente en effet à elle comme le prince charmant qui vient l'enlever à sa misère et lui promettre le bonheur amoureux. Charlotte ne peut résister au romanesque de cette situation où le rêve devient réalité. En fait, sans le savoir, elle est la proie d'un fauve.

• *La perversion du héros*

Don Juan est un pervers qui, pour satisfaire son égoïsme et son appétit de jouissance, ne recule devant rien. S'il est séduit par Mathurine, puis par Charlotte, c'est parce qu'il ne peut résister à ses impulsions sexuelles. Il est immédiatement attiré par la beauté de la jeune paysanne, qu'il traite comme un cheval ou un chien : « Peut-on rien voir de plus agréable ? Tournez-vous un peu, s'il vous plaît. [...] Haussez un peu la tête, de grâce. [...] Ouvrez vos yeux entièrement. [...] Que je voie un peu vos dents, je vous prie » (l. 5-10). Don Juan, avant de consommer, vérifie la qualité de la marchandise. Charlotte n'est pour lui qu'un objet sexuel, qu'il dévore déjà du regard. Il approche en chasseur, mais aussi en gourmet qui se lèche les babines. Il va même jusqu'à s'avilir, en embrassant la main sale de la paysanne. Ce moment qui précède la capture est celui qu'affectionne le libertin. Le désir y est exacerbé par l'attente et l'excitation de la chasse.

Le plaisir de Don Juan est cependant plus raffiné que la simple satisfaction instinctive. Il aime que Charlotte lui résiste et l'idée qu'il va briser son union avec Pierrot ajoute du piment à son entreprise. Ce plaisir de souiller un bonheur neuf est d'autant plus odieux et déloyal que Pierrot à qui il va enlever Charlotte est l'homme qui, un instant auparavant, lui a sauvé la vie, en le tirant des flots. Non content de cette ingratitude, il ment avec un sang-froid cruel, sachant qu'en promettant le mariage à l'ingénue jeune fille et en l'abandonnant, il l'expose au déshonneur public et au ressentiment de Pierrot.

Le raffinement dans l'érotisme de la séduction est porté à son comble avec l'usage du blasphème. Charlotte accuse Don Juan de la railler. Celui-ci, alors qu'il ment effrontément, se défend en invoquant Dieu : « Moi, me railler de vous ? Dieu m'en garde ! » (l. 15). Il pousse même l'insolence jusqu'à se faire allégrement passer pour un envoyé divin : « le Ciel, qui le connaît bien (= sait), m'a conduit ici tout exprès pour empêcher ce mariage » (l. 39). Méchanceté, hypocrisie, impiété, ingratitude, tels sont quelques-uns des ingrédients qui composent chez Don Juan le plaisir de faire le mal.

3. Une scène de farce

Malgré la cruauté de Don Juan, cette scène appartient au registre de la farce tellement les éléments qui la composent sont outrés.

• *Les jeux de scène*

La farce met en scène des âmes frustes dans des situations simples, en recourant à un comique qui repose autant sur les paroles que sur les gestes. Certes Don Juan n'est pas un être grossier, mais il se prête ici complaisamment à une situation bouffonne, en se commettant avec des paysans, aux réflexes attendus. Don Juan s'amuse, et l'on imagine facilement les jeux de scène qui accompagnent son numéro de séduction. Il examine Charlotte sous toutes les coutures, en l'obligeant à pivoter. Elle doit même, sans se rendre compte de son ridicule, montrer ses dents comme un cheval (l. 10). L'outrance du discours doit être accentuée par de grands gestes qui caricaturent la passion amoureuse : main sur le cœur, yeux énamourés, pâmoisons sensuelles au moment des « Ah ! », agenouillement pour baiser la main, serments à la face de Dieu qui sont en fait des blasphèmes. Cette exaltation et cette gesticulation amoureuses sont d'autant plus comiques que Sganarelle ne doit pas manquer d'exprimer par ses regards et ses attitudes sa lassitude devant un scénario qu'il connaît par cœur et sa pitié pour une pauvre fille, déshonorée sous ses yeux, et pour laquelle, par lâcheté, il ne fait rien.

• *Le contraste des mondes*

Un des éléments du comique de cette scène vient aussi du contraste entre la rusticité du monde paysan et l'élégance du grand seigneur qui ne craint pas en l'occurrence de déroger [= agir de manière contraire aux principes de sa classe]. Malgré ses efforts pour améliorer la qualité de son discours, Charlotte ne peut s'empêcher d'employer des mots et des expressions qui appartiennent à son parler populaire : « si ça c'est », « Fi, Monsieur ! », « Piarrot, le fils de la voisine Simonette ». Le réalisme campagnard de ses répliques contraste plaisamment avec l'emphase du grand seigneur qui s'encanaille.

• *La comédie du sentiment*

Don Juan est une crapule de haute volée, mais nous ne pouvons nous empêcher d'admirer sa maestria et de rire avec lui de la comédie qu'il joue, au détriment de l'ingénue paysanne, victime après tout de sa coquetterie et de sa vanité. Charlotte est subjuguée et ne voit pas à quel point on se moque d'elle. Pourtant, Don Juan n'est pas discret et les excès de son attitude et de son langage sont énormes. Il connaît Charlotte depuis cinq minutes, et déjà il veut l'épouser. Il se récrie d'indignation, avec un aplomb désarmant, dès que la jeune fille à juste titre le soupçonne de la railler : « Moi, me railler de vous ? » (l. 15). Il se salit la bouche en embrassant une main noire de crasse. Il se fait, sûrement en ricanant, l'envoyé du Ciel, pour délivrer la belle de sa condition « misérable » (l. 44). Don Juan est tellement excessif, qu'il en paraît sincère. Manipulateur brillant des illusions, il plie la réalité à ses désirs, mais on rit de sa hardiesse, qui met à mal les conventions sociales et dévore sans pitié les êtres faibles.

Conclusion

Cette scène est une caricature bouffonne de la séduction. Elle a un rôle exemplaire en nous montrant une fois pour toutes le séducteur à l'œuvre. Don Juan met en pratique les principes qu'il a exposés à l'Acte I. Il abuse avec cruauté d'une âme faible, mais il sait mettre les rieurs de son côté. C'est en cela que consiste le charme trouble qu'il exerce sur nous. Nous réprouvons sa méchanceté vicieuse, mais nous admirons le révolté qui bafoue allégrement une convention aussi sacrée que le mariage. Son dynamisme destructeur a une vertu tonique. Il nous tire de notre soumission trop routinière aux autorités sociales ou religieuses.

5 ACTE III, scène 1

[Don Juan et Sganarelle face à la religion]

SGANARELLE / **Je veux savoir un peu vos pensées à fond. Est-il possible que vous ne croyiez point du tout au Ciel ?** DON JUAN / **Laissons cela.** SGANARELLE / **C'est-à-dire que non. Et à l'enfer ?** DON JUAN / **Eh !** SGANARELLE / **Tout de même. Et au diable, s'il vous plaît ?** DON JUAN / **Oui, oui.** SGANARELLE / **Aussi peu. Ne croyez-vous point l'autre vie ?** DON JUAN / **Ah ! ah ! ah !** SGANARELLE / **Voilà un homme que j'aurai bien de la peine à convertir. Et dites-moi un peu, le Moine bourru, qu'en croyez-vous ? eh !** DON JUAN / **La peste soit du fat !** SGANARELLE / **Et voilà ce que je ne puis souffrir ; car il n'y a rien de plus vrai que le Moine bourru, et je me ferais pendre pour celui-là. Mais encore faut-il croire quelque chose dans le monde. Qu'est-ce que vous croyez ?** DON JUAN / **Ce que je crois ?** SGANARELLE / **Oui.** DON JUAN / **Je crois que deux et deux sont quatre, Sganarelle, et que quatre et quatre sont huit.** SGANARELLE / **La belle croyance et les beaux articles de foi que voilà ! Votre religion, à ce que je vois, est donc l'arithmétique ? Il faut avouer qu'il se met d'étranges folies dans la tête des hommes, et que, pour avoir bien étudié, on en est bien moins sage le plus souvent. Pour moi, Monsieur, je n'ai point étudié comme vous, Dieu merci, et personne ne saurait se vanter de m'avoir jamais rien appris ; mais avec mon petit sens, mon petit jugement, je vois les choses mieux que tous les livres, et je comprends fort bien que ce monde que nous voyons n'est pas un champignon qui soit venu tout seul en une nuit. Je voudrais bien vous demander qui a fait ces arbres-là, ces rochers, cette terre, et ce ciel que voilà là-haut, et si tout cela s'est bâti de lui-même. Vous voilà, vous, par exemple, vous**

êtes là : est-ce que vous vous êtes fait tout seul et n'a-t-il pas fallu que votre père ait engrossé votre mère pour vous faire ? Pouvez-vous voir toutes les inventions dont la machine de l'homme est composée sans admirer de quelle façon cela est agencé l'un dans l'autre ? ces nerfs, ces os, ces veines, ces artères, ces..., ce poumon, ce cœur, ce foie, et tous ces autres ingrédients qui sont là et qui... Oh ! dame, interrompez-moi donc, si vous voulez. Je ne saurais disputer si l'on ne m'interrompt. Vous vous taisez exprès, et me laissez parler par belle malice. DON JUAN / **J'attends que ton raisonnement soit fini.** SGANARELLE / **Mon raisonnement est qu'il y a quelque chose d'admirable dans l'homme, quoi que vous puissiez dire, que tous les savants ne sauraient expliquer. Cela n'est-il pas merveilleux que me voilà ici, et que j'aie quelque chose dans la tête qui pense cent choses différentes en un moment, et fait de mon corps tout ce qu'elle veut ? Je veux frapper des mains, hausser le bras, lever les yeux au ciel, baisser la tête, remuer les pieds, aller à droit, à gauche, en avant, en arrière, tourner...** ***(Il se laisse tomber en tournant.)*** DON JUAN / **Bon ! voilà ton raisonnement qui a le nez cassé.**

COMMENTAIRE COMPOSÉ

[Introduction][1]

A la fin de l'Acte II, Don Juan fait le funambule entre Charlotte et Mathurine, deux paysannes qu'il a séduites et dont il se moque, en faisant croire à chacune qu'elle est sa préférée. On annonce soudain que douze hommes à cheval sont à sa recherche. Le maître et le valet quittent les paysannes et sous un déguisement s'enfuient dans une forêt. Là ils s'entretiennent de médecine, science à laquelle Don Juan n'accorde aucun crédit, puis de religion.

1. Voir ci-dessus, page 12, la note 1.

Sganarelle tente à cette occasion de convertir son maître en lui prouvant l'existence de Dieu, mais sans succès, car sa démonstration est ridicule. Ce passage présente un triple intérêt : il nous éclaire sur la foi de Sganarelle ; il précise le libertinage religieux de Don Juan ; il offre un bon exemple des relations complexes qui unissent le maître et le valet.

[La foi de Sganarelle]

Sganarelle sert de contrepoint au libertin. Croyant et conformiste, il est le défenseur de la morale traditionnelle, qu'il essaie de faire triompher. Scandalisé par l'impiété de son maître, il tente dans ce passage de le convertir, en lui prouvant l'existence de Dieu.

Sa foi religieuse repose d'abord sur un enthousiasme et un émerveillement qu'il essaie de rendre communicatifs : « il y a quelque chose d'admirable dans l'homme » (l. 48). Le ton interrogatif traduit cette émotion admirative devant la perfection du monde : « Pouvez-vous voir toutes les inventions dont la machine de l'homme est composée [...] ? » (l. 37), « Cela n'est-il pas merveilleux que me voilà ici [...] ? » (l. 50). Ce sentiment procède d'une intuition irrationnelle « que tous les savants ne sauraient expliquer » (l. 49), et repose sur le bon sens populaire : « avec mon petit sens, mon petit jugement, je vois les choses mieux que tous les livres » (l. 27).

Néanmoins Sganarelle raisonne et il use pour démontrer l'existence de Dieu de l'argument traditionnel des *causes finales* : l'univers est tellement parfait qu'il révèle l'existence d'une intelligence divine, présidant à son organisation ; tout y est conçu en vue d'une fin supérieure. Ainsi la perfection du corps humain fait naître naturellement l'idée qu'il n'a pas été créé au hasard, mais en vue d'accomplir la perfection divine : « Pouvez-vous voir toutes les inventions dont la machine de l'homme est composée sans admirer de quelle façon cela est agencé l'un dans l'autre ? » (l. 37). Rien n'est gratuit dans l'univers, et l'existence de l'homme répond à une nécessité, dont l'évidence émerveille le zélé croyant : « Cela n'est-il pas merveilleux que me voilà ici, et que j'aie quelque chose dans la tête qui pense cent choses différentes en un moment » (l. 50).

La foi de Sganarelle est sincère et son enthousiasme touchant, mais le burlesque de son argumentation fait sombrer sa bonne volonté dans le ridicule. [Le burlesque naît du décalage entre le sérieux d'un sujet et la façon comique et ridicule avec lequel il est traité.] Ce discours de démonstration est un flot de paroles, où le valet s'écoute parler, car il a une haute opinion de lui-même : « personne ne saurait se vanter de m'avoir jamais rien appris ; mais avec mon petit sens, mon petit jugement, je vois les choses mieux que tous les livres ». Il étale sa culture, mais son érudition est mal dominée. Noyé dans sa logorrhée [= flux de paroles inutiles], il se perd et s'embrouille. Ses hésitations sont marquées par les points de suspension : « ces nerfs, ces os, ces veines, ces artères, ces..., ce poumon, ce cœur, ce foie, et tous ces autres ingrédients qui sont là et qui... » (l. 40-42). Il considère par ailleurs que l'énumération a un pouvoir de conviction, alors qu'elle ne fait qu'aggraver sa cuistrerie. Les exemples qu'il utilise font rire par leur inconvenance et leur malice populaire : « est-ce que vous vous êtes fait tout seul et n'a-t-il pas fallu que votre père ait engrossé votre mère pour vous faire ? » (l. 35-37). L'échec de cette démonstration est marqué par la chute physique du valet, qui en pirouettant pour prouver le pouvoir de sa volonté, perd l'équilibre : « Je veux frapper des mains, hausser le bras, lever les yeux au ciel, baisser la tête, remuer les pieds, aller à droit, à gauche, en avant, en arrière, tourner... » (l. 53-56).

Ce discours est donc une parodie grotesque de démonstration théologique qui aboutit à l'inverse du résultat recherché. La faillite de ce raisonnement à prétention intellectuelle traduit le caractère superficiel et conventionnel de la foi de Sganarelle, qui ne croit en Dieu que par habitude de la soumission et par peur. Il en va bien autrement pour le protagoniste.

[Le libertinage religieux de Don Juan]

Don Juan est un libertin, c'est-à-dire au XVIIe siècle un homme qui refuse de croire au surnaturel et ne veut être dirigé que par la raison. La première conséquence de cette attitude est l'incrédulité en matière religieuse.

A Sganarelle qui lui demande s'il croit au Ciel, à l'enfer, au diable et au Moine bourru [= lutin qui, d'après les croyances populaires, court en criant dans les rues à l'approche de Noël], il répond en se moquant par des « Eh !..., Oui, oui..., Ah ! ah ! ah !... ». Pendant le sermon de son valet, il observe un mutisme méprisant et un refus de dialoguer, qui sont une condamnation plus efficace de la foi qu'un réquisitoire démontant un à un les arguments prouvant l'existence de Dieu. Il préfère laisser le sermonneur s'empêtrer dans sa démonstration.

Refusant l'hypothèse du surnaturel, Don Juan croit à ce qu'il voit, à ce qui peut être ratifié par la raison. Avec provocation et d'une façon lapidaire qui contraste avec l'amphigouri [= discours burlesque rempli d'idées obscures et inintelligibles] du valet, il déclare : « Je crois que deux et deux sont quatre, Sganarelle, et que quatre et quatre sont huit » (l. 17-19). Si l'on prend la phrase au pied de la lettre, comme le valet, Don Juan n'accorde son crédit qu'aux choses qui ont la clarté du langage mathématique, autrement dit qui peuvent être vérifiées par la raison : « Votre religion, à ce que je vois, est donc l'arithmétique ? » (l. 20-21). Cette idée rejoint la pensée du philosophe Descartes pour qui les mathématiques devaient servir de modèle à la connaissance scientifique et à la recherche de la vérité.

Si l'on en tire toutes les conséquences, ce rationalisme débouche sur un matérialisme qui est l'une des caractéristiques du libertinage : tout est matière et doit être ramené à la matière. Elle aboutit aussi à un athéisme : puisque tout est matière, il n'existe pas d'esprit supérieur gouvernant la création ; les phénomènes ne sont pas l'expression de la volonté divine, mais le résultat d'un déterminisme purement physique, dans lequel le hasard joue un grand rôle. C'est la raison pour laquelle Don Juan considère les croyances religieuses et la superstition comme des illusions nées de l'imagination qui n'ont aucun fondement puisqu'elles ne peuvent être contrôlées par la raison.

Il importe cependant d'être, sur ce sujet, plus nuancé à propos de Don Juan et de ne pas prendre pour argent comptant son « deux et deux sont quatre », qui n'est peut-être qu'une boutade. Prendre le langage mathématique comme critère de la vérité, n'est pas incompatible avec la croyance en Dieu. Descartes, par exemple, faisait de l'univers l'expression de la volonté divine. En fait, Don Juan n'est pas très clair sur la question religieuse et il ne formule à ce sujet que de vagues propositions. Quand Sganarelle l'interroge sur Dieu, l'enfer ou l'au-delà, il répond par des interjections et des monosyllabes qui sont plus une preuve de scepticisme que d'athéisme radical. Cette attitude laisse à penser qu'il n'est pas vraiment athée, car s'il l'était, il serait complètement indifférent à cette question et il ne passerait pas son temps à défier Dieu, en commettant des sacrilèges. Comme tout révolté, il a besoin pour exister d'un obstacle qui donne de l'éclat à son courage et à son insolence. Don Juan serait donc plus impie qu'athée : alors que l'athée évacue complètement de sa vie la question religieuse, l'impie insulte la religion, parce qu'il n'arrive pas à se libérer de Dieu qui limite sa liberté et sa volonté de puissance. Dans cette perspective, si Don Juan écoute avec tant de patience le long prêche de son valet, c'est parce que le rappel insistant de son impiété rendra ses prochains sacrilèges plus provocants. Cela nous amène à nous interroger sur la nature des liens qui unissent le maître et le valet.

[Le couple Don Juan-Sganarelle]

Sganarelle a dans la pièce une présence aussi considérable que Don Juan. Il ne le quitte jamais et lui sert de révélateur, à la manière du confident dans la tragédie, qui permet au protagoniste d'exprimer d'une façon vraisemblable ses états d'âme. C'est grâce à lui que nous connaissons la pensée de Don Juan sur les femmes, la médecine ou la religion. Mais il ne se contente pas de jouer les utilités. Il a un tempérament propre, sinon un caractère et, ce texte en apporte la preuve, il est lié à son maître par des relations complexes.

Sganarelle ne peut pas se passer de son maître, car c'est lui qui lui donne la possibilité de s'épanouir et de construire, en le contestant, sa propre vision du monde. Nous savons même mieux ses opinions sur la religion que

Don Juan qui se contente de quelques interjections ou boutades, insuffisantes pour savoir ce qu'il pense vraiment.

Le valet ne se contente pas de permettre au héros de se définir. Il veut s'affirmer aussi. Notons à cet égard que, dans cette scène, c'est lui qui a l'initiative de la parole et qui soumet Don Juan à un interrogatoire serré. Il ne se prive pas non plus de le juger et de contester ses façons de voir. La boutade du « deux et deux sont quatre » déclenche chez lui une réaction scandalisée : « La belle croyance et les beaux articles de foi que voilà ! [...] Il faut avouer qu'il se met d'étranges folies dans la tête des hommes, et que, pour avoir bien étudié, on en est bien moins sage le plus souvent » (l. 19-24). Il faut un certain courage à Sganarelle pour remettre ainsi en question les idées de Don Juan.

Mais si Sganarelle le sermonne ainsi, c'est surtout qu'il a peur de la vengeance divine qui le menace. Il a de l'affection pour Don Juan et il sait que s'il veut le garder, il doit le ramener sur la voie du devoir et du respect des règles sociales et religieuses. Devant le mutisme dédaigneux du libertin, Sganarelle réagira par un mouvement d'humeur qui traduit en fait, par le dépit, son attachement pour lui : « Morbleu ! je suis bien sot de m'amuser à raisonner avec vous. Croyez ce que vous voudrez : il m'importe bien que vous soyez damné ! »

Ce noble dessein n'est cependant pas aussi pur qu'il y paraît. Sganarelle éprouve de l'admiration pour le grand seigneur dont il aimerait avoir l'envergure intellectuelle. C'est pourquoi il cherche à se mesurer avec lui, en prenant, d'une façon naïvement prétentieuse, ses distances : « Pour moi, Monsieur, je n'ai point étudié comme vous, Dieu merci, et personne ne saurait se vanter de m'avoir jamais rien appris » (l. 24-27). Or chacun sait que Sganarelle doit à son maître le vernis de culture qu'il ne manque pas de faire valoir ostensiblement. Il voudrait pouvoir lutter d'égal à égal avec Don Juan. Pour cela, il le provoque et demande qu'il lui réponde à armes égales : « Oh ! dame, interrompez-moi donc, si vous voulez. Je ne saurais disputer, si l'on ne m'interrompt » (l. 42-44). Mais sa tentative échoue lamentablement devant le silence du maître, qui ne pousse pas la complaisance à l'égard de son valet au-delà de sa patience à l'écouter. Le dialogue est donc impossible, mais Don Juan reste avec Sganarelle. Pourquoi ?

Si Sganarelle ne peut se passer de son maître, on peut dire aussi que Don Juan a besoin de Sganarelle. Il est la seule personne à qui il demeure constamment fidèle.

Sganarelle est d'abord pour Don Juan un divertissement et un moyen de mesurer son pouvoir. Il sait qu'il n'a même pas besoin de parler pour que le valet s'embarrasse et se couvre de ridicule. Il jouit avec condescendance de sa bouffonnerie et de son pédantisme naïf. A cela s'ajoute le plaisir de voir l'autre souffrir, qui est une constante du caractère de Don Juan. Sganarelle l'a compris et lui en fait reproche : « Vous vous taisez exprès, et me laissez parler par belle malice » (l. 44-45). Finalement, le maître jubile devant la déconfiture du valet qui vient de tomber par terre : « Bon ! voilà ton raisonnement qui a le nez cassé. »

Mais Sganarelle est surtout un témoin indispensable. Le libertin a besoin d'un regard qui contemple ses méfaits, afin de pouvoir savourer davantage son plaisir de faire le mal. Il ne saurait non plus se dispenser de cette conscience morale et culpabilisante, qui, par ses remontrances et ses sermons, met mieux en relief la hardiesse et la provocation de sa conduite. S'il le laisse un moment s'exprimer, c'est moins par scrupule devant le scandale de ses actions que par désir de mieux les exalter.

[Conclusion]

Foi superstitieuse du valet, incrédulité obstinée du maître, tels sont les éléments que met en valeur ce texte. En fait, aucun des points de vue de cette alternative n'est convaincant. Sganarelle défend sa foi avec l'enthousiasme de l'homme du peuple, mais par inculture elle dégénère en superstition et en bêtise. Quant à Don Juan, son refus des conventions est tonique, mais sa corruption morale est intenable. En mettant en scène l'impossible dialogue des protagonistes, Molière ne prend parti ni pour l'un, ni pour l'autre, et nous présente finalement une vision sceptique et désabusée de l'homme face à la religion.

6 ACTE III, scène 2

[Le tentateur du pauvre]

LE PAUVRE / **Si vous vouliez, Monsieur, me secourir de quelque aumône ?** DON JUAN / **Ah ! ah ! ton avis est intéressé, à ce que je vois.** LE PAUVRE / **Je suis un pauvre homme, monsieur, retiré tout seul dans ce bois depuis dix ans, et je ne manquerai pas de prier le Ciel qu'il vous donne toute sorte de biens.** DON JUAN / **Eh ! prie-le qu'il te donne un habit, sans te mettre en peine des affaires des autres.** SGANARELLE / **Vous ne connaissez pas Monsieur, bon homme ! il ne croit qu'en deux et deux sont quatre et en quatre et quatre sont huit.** DON JUAN / **Quelle est ton occupation parmi ces arbres ?** LE PAUVRE / **De prier le Ciel tout le jour pour la prospérité des gens de bien qui me donnent quelque chose.** DON JUAN / **Il ne se peut donc pas que tu ne sois bien à ton aise ?** LE PAUVRE / **Hélas ! Monsieur, je suis dans la plus grande nécessité du monde.** DON JUAN / **Tu te moques : un homme qui prie le Ciel tout le jour ne peut pas manquer d'être bien dans ses affaires.** LE PAUVRE / **Je vous assure, Monsieur, que le plus souvent je n'ai pas un morceau de pain à me mettre sous les dents.** DON JUAN / **Voilà qui est étrange, et tu es bien mal reconnu de tes soins. Ah ! ah ! je m'en vais te donner un louis d'or tout à l'heure, pourvu que tu veuilles jurer.** LE PAUVRE / **Ah ! Monsieur, voudriez-vous que je commisse un tel péché ?** DON JUAN / **Tu n'as qu'à voir si tu veux gagner un louis d'or ou non : en voici un que je te donne, si tu jures. Tiens ! il faut jurer.** LE PAUVRE / **Monsieur...** DON JUAN / **A moins de cela tu ne l'auras pas.** SGANARELLE / **Va, va, jure un peu, il n'y a pas de mal.**

DON JUAN / **Prends, le voilà ; prends, te dis-je ; mais jure donc.** LE PAUVRE / **Non, Monsieur, j'aime mieux mourir de faim.** DON JUAN / **Va, va, je te le donne pour l'amour de l'humanité.**

EXPLICATION DE TEXTE

Situation

Douze hommes à cheval sous la conduite des frères d'Elvire sont partis à la recherche de Don Juan, afin de venger l'outrage fait à la jeune femme. Pour leur échapper, il se réfugie avec Sganarelle dans une forêt. Il demande alors son chemin à un pauvre. C'est une nouvelle occasion pour lui de commettre un sacrilège et de défier Dieu, en incitant le pieux vieillard à renier sa foi.

Composition et mouvement

Le passage comprend trois étapes dans la progression du blasphème et de la provocation : Don Juan se contente d'abord de remettre en cause le caractère sacré de l'aumône (l. 1 à 11) ; puis avec plus de violence il se moque de l'inutilité de la prière (l. 12 à 24) ; enfin la provocation atteint un paroxysme, quand il demande au Pauvre de renier sa foi en échange d'un louis d'or (l. 24 à 36). Cette scène est intensément dramatique : elle se présente comme un premier vrai combat entre Don Juan et Dieu.

• *La remise en cause de l'aumône (l. 1 à 11)*

Pour mieux comprendre la portée de cette scène, il importe de la replacer dans son contexte historique. Les pauvres constituent au XVIIe siècle une catégorie sociale et la charité à leur égard fait partie du devoir de tout bon chrétien. Les œuvres charitables sont nombreuses, à l'exemple des fondations de saint Vincent de Paul. Bossuet prononce même en 1652 un sermon *Sur l'éminente dignité des pauvres*. Ils y sont présentés comme des privilégiés dans l'Église. Les riches occupent la première place dans la société ; aux yeux de l'Église, ce sont les pauvres. Dans le monde, les pauvres servent les riches ; dans l'Église, c'est l'inverse. Enfin, si dans le monde les privilèges vont aux riches, dans l'Église, ce sont les pauvres qui reçoivent toutes les bénédictions. De ce constat, Bossuet tire trois conséquences : les riches doivent honorer la condition des pauvres ; ils doivent soulager leurs nécessités matérielles ; enfin, par leur action, ils ont accès au privilège des pauvres, qui, par leur dénuement et leur détresse, sont des représentants sur terre de Jésus-Christ.

C'est tout naturellement, dans ces conditions, que le Pauvre demande à Don Juan une « aumône », c'est-à-dire un don charitable qui permettra à celui qui l'accomplit d'être sauvé par Dieu après sa mort. Le vieil homme fait sa demande sur un ton de soumission déférente que marque l'emploi de l'interrogation et du conditionnel de politesse : « Si vous vouliez, Monsieur, me secourir de quelque aumône ? » (l. 1). A cette demande, Don Juan répond d'une manière non conforme au code de la charité. Il prend un air faussement étonné et fait du Pauvre un être « intéressé ». Au début de la scène, en effet, le Pauvre a mis en garde Don Juan et son valet contre des voleurs. Le libertin pervertit donc le rapport habituel de la charité, qui repose précisément sur le désintéressement, en accusant le Pauvre de vouloir échanger son « avis » [= le conseil, la mise en garde] contre une « aumône » : « Ah ! ah ! ton avis est intéressé, à ce que je vois » (l. 3). Don Juan commet ainsi un premier blasphème en ignorant la logique de la charité, qui au sens littéral est la manifestation de l'amour de Dieu, et en la remplaçant par celle d'un marché donnant donnant.

Face à cette désinvolture, le Pauvre se contente de rappeler à Don Juan l'obligation de charité, en décrivant sa condition. Il est respectable parce qu'il est pauvre, mais aussi parce qu'il vit en ermite, « retiré tout seul dans ce bois depuis dix ans » (l. 4). Il peut ainsi consacrer plus de temps à prier. Tout comme les moines ermites de l'époque, il est un représentant de Dieu, dont les prières servent au bonheur et au salut des autres. Or Don Juan ne peut supporter qu'on lui parle de « prier le Ciel ». C'est un défi, qu'il ne manque pas de relever avec insolence et méchanceté : « Eh ! prie-le qu'il te donne un habit, sans te mettre en peine des affaires des autres » (l. 7-9). Sganarelle, qui a le cœur sensible, est choqué par cette humiliation infligée au vieil homme. Mais il n'ose pas attaquer directement son maître ; il se contente, pour excuser la violence de sa réplique, de le faire passer pour un original (l. 9).

• *L'inutilité de la prière (l. 12 à 24)*

Loin de s'en tenir à son mépris insolent de la charité, Don Juan, heureux d'avoir trouvé un représentant de Dieu, cherche à nouveau l'affrontement : « Quelle est ton occupation parmi ces arbres ? ». Le Pauvre tombe dans le piège, en rappelant une nouvelle fois au libertin la valeur chrétienne de l'aumône : « De prier le Ciel tout le jour pour la prospérité des gens de bien qui me donnent quelque chose » (l. 13-15). Dans son sermon sur les pauvres, Bossuet développe cette doctrine de l'échange sacré entre les « biens temporels » et les « bénédictions spirituelles ». Don Juan, en se plaçant dans la logique du donnant donnant exclusivement matériel, feint alors de s'étonner de la misère du Pauvre : « Il ne se peut donc pas que tu ne sois bien à ton aise ? » (l. 15-16).

Désarmé par ce paradoxe, le Pauvre ne peut que rappeler à nouveau son état de « nécessité », mot qui signifie ici indigence, pauvreté. Mais Don Juan feint toujours de ne pas comprendre. Il humilie à nouveau le malheureux, en le considérant comme un menteur et un imposteur : « Tu te moques : un homme qui prie le Ciel tout le jour ne peut pas manquer d'être bien dans ses affaires » (l. 18-20). Fidèle à sa vision rationnelle et objective des faits, Don Juan fait de la misère du Pauvre une preuve de l'inexistence ou à tout le moins de l'indifférence de Dieu : si Dieu existait, il récompenserait un homme qui le prie avec autant de ferveur. Face à cette cruauté, le Pauvre tente d'apitoyer Don Juan : « Je vous assure, Monsieur, que le plus souvent je n'ai pas un morceau de pain à me mettre sous les dents » (l. 20-22). Mais il ne réussit qu'à conforter les arguments du libertin sur l'inutilité de la prière : « Voilà qui est étrange, et tu es bien mal reconnu [= récompensé] de tes soins » (l. 23-24). A travers le Pauvre, Don Juan défie Dieu ; il attend un signe, un miracle, qui prouveraient son existence et son efficacité. Cet acharnement montre cependant que, malgré son cynisme et sa cruauté, il ne parvient pas à se libérer de Dieu. Il n'admet pas de voir quelqu'un vivre pour une idée qu'il s'obstine à nier bien qu'il ne puisse se passer d'elle.

- *La tentation du louis d'or (l. 24 à 36)*

La provocation de Don Juan atteint maintenant son paroxysme. Jouant le rôle du Diable tentateur, il veut éprouver la foi du Pauvre : « Ah ! ah ! je m'en vais te donner un louis d'or tout à l'heure [= sur-le-champ], pourvu que tu veuilles jurer » (l. 24-26). « Jurer » ici veut dire « blasphémer Dieu ». Les interjections « Ah ! ah ! » expriment la jubilation du libertin qui, devant le silence de Dieu, pousse encore plus loin l'insolence de la provocation. Ce chantage, odieux pour un chrétien fervent, provoque une réaction indignée du Pauvre : « Ah ! Monsieur, voudriez-vous que je commisse un tel péché ? » (l. 26-27).

Don Juan réitère son marché et pour être encore plus persuasif, il sort un louis d'or de sa bourse qu'il fait miroiter avec sadisme. On sent l'impatience du joueur qui lance un pari et la griserie de l'impie qui répète avec délectation le mot « jurer » : « en voici un que je te donne, si tu *jures*. Tiens ! il faut *jurer* » (l. 29-30). Don Juan sait qu'il torture mentalement le Pauvre. Il jouit de son désarroi. Car un louis d'or représente à l'époque une somme importante, et le Pauvre ne peut manquer d'hésiter, ne fût-ce qu'un instant. Sganarelle participe avec compassion à son supplice. Pour en finir, il se fait amical et propose une solution dictée par la lâcheté : « Va, va, jure un peu, il n'y a pas de mal » (l. 32). En employant l'adverbe de quantité « un peu », le valet tente de minimiser la gravité du blasphème, comme si en jurant vite, on péchait moins et pour ainsi dire pas du tout. Don Juan sent alors qu'il gagne du terrain. Il se fait plus insistant et tentateur : « Prends, le voilà ; prends, te dis-je ; mais jure donc » (l. 33). L'emploi de l'impératif présent est habile : en considérant comme presque accompli le geste de prendre, il le rend plus facile à faire. La répétition du verbe ajoute de la persuasion à cette tentative de séduction.

Mais le Pauvre ne cède pas. Il préfère ne pas renier sa foi et garder sa dignité : « Non, Monsieur, j'aime mieux mourir de faim ». Cette réaction suscite notre admiration : ce croyant sincère et zélé, placé dans une position de faiblesse à cause du dénuement, triomphe du tentateur. Le chantage n'a pas abouti. Le mécréant n'a pas réussi à pervertir une âme pure. Pourtant Don Juan l'emporte aussi de son point de vue. Il lui suffit d'avoir démontré l'impuissance de Dieu et d'avoir joui de la souffrance d'un homme déchiré entre sa foi et l'espoir du gain.

Pour manifester sa victoire, il lui offre finalement le louis d'or : « Va, va, et je te le donne pour l'amour de l'humanité » (l. 35). Le sens de ce geste ostentatoire et condescendant est contenu dans la formule « pour l'amour de l'humanité » qui parodie avec arrogance l'expression usuelle : « pour l'amour de Dieu ». Don Juan substitue au code chrétien de la charité une réaction purement « humaine », dictée seulement par un sentiment élémentaire d'humanité à l'égard du prochain. Puisque Dieu ne se manifeste pas, mieux vaut la solidarité humaine : cette idée sera reprise par les Philosophes des Lumières. Cette expression dans laquelle Dieu est éliminé manifeste aussi avec insolence le triomphe de l'homme révolté qui affirme la plénitude et l'indépendance de la vie terrestre. On peut y voir enfin une critique de la fausse charité des riches qui souvent ne pratiquent l'aumône que pour se donner bonne conscience vis-à-vis de Dieu, alors qu'ils n'éprouvent aucune pitié sincère devant le spectacle de la misère.

Conclusion

Cette scène prouve encore que Don Juan est plus impie qu'athée. L'acharnement qu'il met à provoquer Dieu, sa délectation à humilier un chrétien pauvre qui n'a que sa foi pour vivre, attestent que Dieu l'obsède. La résistance du Pauvre, représentant du Christ sur terre aux yeux de l'Église, est un nouveau défi : si Dieu ne s'est pas encore concrètement manifesté, sa force s'exprime par la foi d'un homme démuni qui refuse de blasphémer. On sait maintenant que le héros n'aura de cesse qu'il n'ait affronté Dieu en personne.

PLAN POUR UN COMMENTAIRE COMPOSÉ

1. La question de la charité

a. La condition des pauvres au XVIIe siècle.
b. La remise en cause de l'aumône et de la prière : Don Juan substitue à l'échange chrétien entre biens spirituels et biens matériels un code purement matérialiste.
c. « L'amour de l'humanité ». Une triple interprétation possible :
- critique de la fausse charité des riches qui se donnent bonne conscience,
- la solidarité humaine préférable à l'inutile recours à Dieu qui ne se manifeste pas,
- triomphe insolent et orgueilleux du révolté qui élimine Dieu et fait de l'homme la valeur suprême.

2. La progression dramatique

a. La montée du blasphème et de la provocation :
1. la remise en cause du caractère sacré de l'aumône,
2. virulentes moqueries contre l'inutilité de la prière,
3. tentation du louis d'or. Don Juan devient Satan ; en prenant ce rôle, il renouvelle le combat mythique qui oppose Satan le révolté contre Dieu.

b. Une victoire partagée :
- la courageuse et digne résistance du Pauvre,
- le triomphe du révolté.

3. Don Juan est-il impie ou athée ?

a. Malgré son cynisme et sa cruauté... : ce jeu avec le Pauvre ne serait qu'une façon pour l'athée de se conforter dans l'idée que Dieu n'existe pas.
b. ... Don Juan est obsédé par Dieu : son acharnement à humilier un représentant de Dieu prouve qu'il n'arrive pas à se débarrasser de cette idée. Il est donc plus impie qu'athée. Dieu est son principal adversaire. Il ne cherche plus maintenant qu'à en découdre directement avec lui.

7 ACTE III, scène 5

[La visite au tombeau du Commandeur]

(Le tombeau s'ouvre, où l'on voit un superbe mausolée et la statue du Commandeur.) SGANARELLE / **Ah ! que cela est beau ! Les belles statues ! le beau marbre ! les beaux piliers ! Ah ! que cela est beau ! Qu'en dites-vous, Monsieur ?** DON JUAN / **Qu'on ne peut voir aller plus loin l'ambition d'un homme mort ; et ce que je trouve admirable, c'est qu'un homme qui s'est passé, durant sa vie, d'une assez simple demeure, en veuille avoir une si magnifique pour quand il n'en a plus que faire.** SGANARELLE / **Voici la statue du Commandeur.** DON JUAN / **Parbleu ! le voilà bon, avec son habit d'empereur romain !** SGANARELLE / **Ma foi, Monsieur, voilà qui est bien fait. Il semble qu'il est en vie et qu'il s'en va parler. Il jette des regards sur nous qui me feraient peur, si j'étais tout seul, et je pense qu'il ne prend pas plaisir de nous voir.** DON JUAN / **Il aurait tort, et ce serait mal recevoir l'honneur que je lui fais. Demande-lui s'il veut venir souper avec moi.** SGANARELLE / **C'est une chose dont il n'a pas besoin, je crois.** DON JUAN / **Demande-lui, te dis-je.** SGANARELLE / **Vous moquez-vous ? Ce serait être fou que d'aller parler à une statue.** DON JUAN / **Fais ce que je te dis.** SGANARELLE / **Quelle bizarrerie ! Seigneur Commandeur... je ris de ma sottise, mais c'est mon maître qui me la fait faire. Seigneur Commandeur, mon maître Don Juan vous demande si vous voulez lui faire l'honneur de venir souper avec lui.** ***(La statue baisse la tête.)*** **Ha !** DON JUAN / **Qu'est-ce ? Qu'as-tu ? Dis donc, veux-tu parler ?** SGANARELLE, ***fait le même signe que lui a fait la statue et baisse la tête,*** / **La statue...** DON JUAN / **Eh bien, que veux-tu dire traître ?** SGANARELLE / **Je vous dis que la statue...** DON JUAN / **Eh**

bien ! la statue ? Je t'assomme, si tu ne parles. SGANARELLE / **La statue m'a fait signe.** DON JUAN / **La peste le coquin !** SGANARELLE / **Elle m'a fait signe, vous dis-je ; il n'est rien de plus vrai. Allez-vous-en lui parler vous-même, pour voir, peut-être...** DON JUAN / **Viens, maraud, viens, je te veux bien faire toucher au doigt ta poltronnerie. Prends garde. Le seigneur Commandeur voudrait-il venir souper avec moi ?** ***(La statue baisse encore la tête.)*** SGANARELLE / **Je ne voudrais pas en tenir dix pistoles. Eh bien ! Monsieur ?** DON JUAN / **Allons, sortons d'ici.** SGANARELLE / **Voilà de mes esprits forts qui ne veulent rien croire.**

LECTURE MÉTHODIQUE

Présentation

Don Juan et Sganarelle aperçoivent entre les arbres de la forêt où ils se trouvent le tombeau d'un Commandeur, tué autrefois par le libertin. Un Commandeur est dans les anciens ordres militaires un chevalier, pourvu d'une commanderie, autrement dit d'une terre accordée en récompense des services rendus. Il s'agit donc d'un homme éminemment respectable aux yeux de la société et de la religion, qui lui ont consacré un mausolée. Don Juan n'en éprouvera que plus de plaisir à le bafouer.

1. Sganarelle, faire-valoir du héros

Sganarelle a dans cette scène un rôle de faire-valoir, qui permet à Don Juan de mieux faire éclater l'originalité de sa conduite.

• *La naïveté de l'homme du peuple*

Sganarelle a conscience, en entrant dans le mausolée d'un homme tué par son maître, de blasphémer. Il surmonte néanmoins son appréhension et s'extasie devant la beauté plastique du monument : « Ah ! que cela est beau ! Les belles statues ! le beau marbre ! les beaux piliers ! Ah ! que cela est beau ! » (l. 3). Il y a, dans son admiration naïve, l'étonnement de l'homme du peuple face à la richesse, mais aussi le désir de se rassurer en insistant uniquement sur l'apparence esthétique des lieux. Il n'est d'ailleurs pas capable de dépasser le stade élémentaire de ses émotions, qu'il traduit dans un langage pauvre. Il se contente de répéter, en s'exclamant, l'adjectif « beau ». A cela s'ajoute la volonté de rivaliser avec son maître, esthète connaisseur et raffiné, auquel il demande un avis pour confirmer son propre jugement : « Qu'en dites-vous, Monsieur ? » (l. 5). Mais ses remarques tombent dans le ridicule par leur platitude et ne font qu'exciter la verve railleuse et provocatrice du libertin à l'égard de la statue.

• *Le poltron*

Sganarelle, croyant conformiste et serviteur soumis, ne peut pas comprendre ni admettre les audaces de son maître. Son comportement est celui d'un poltron. Il voudrait se persuader que cette intrusion dans un lieu sacré est seulement la visite d'un beau lieu, mais il ne peut s'empêcher d'avoir peur : « Ma foi, Monsieur, voilà qui est bien fait. Il semble qu'il est en vie et qu'il s'en va parler. Il jette des regards sur nous qui me feraient peur, si j'étais tout seul, et je pense qu'il ne prend pas plaisir de nous voir » (l. 13-17).

Sa lâcheté va suivre la progression dramatique de la scène. Il éprouve d'abord un *vague pressentiment*, face à cette statue étrange qui paraît presque vivante. Il cède ensuite au *désarroi* quand son maître lui demande d'inviter la statue à souper : « Vous moquez-vous ? Ce serait être fou que d'aller parler à une statue » (l. 22-23). Mais s'il a peur du Commandeur, il redoute aussi Don Juan sur qui, en s'exécutant, il rejette la responsabilité du sacrilège : « je ris de ma sottise, mais c'est mon maître qui me la fait faire » (l. 25-26). Enfin, quand la statue d'une façon imprévisible accepte l'invitation, le valet est pris de *panique*. Il ne peut plus parler. Son effroi est marqué par l'interjection « Ha ! » et par les points de suspension qui terminent ses phrases : « La statue... », « Je vous dis que la statue... ».

• *La fonction dramatique du valet*

La naïveté et la couardise du valet ont dans cette scène un rôle dramatique : ce sont des moteurs de l'action. Sganarelle est un double comique et dérisoire de son maître. On rit de son admiration populaire et forcée devant la magnificence du mausolée, de sa résistance puis de sa docilité à obéir, enfin de sa déroute face à l'acquiescement du Commandeur. C'est un bouffon qui détend l'atmosphère inquiétante de la scène et qui est d'autant plus risible que son maître réagit d'une manière opposée. Les deux personnages en effet sont constamment en décalage : à la naïveté, la poltronnerie et la soumission du valet répondent les sarcasmes, la bravoure et l'irrespect du libertin.

En fait, Sganarelle, tout au long de cette scène, par ses réactions craintives et ridicules provoque les défis et les blasphèmes de Don Juan. Il fait office de conscience morale du héros, en lui rappelant ses devoirs, mais malgré lui il se transforme en témoin des sacrilèges. C'est lui qui fait avancer l'action en suggérant sans le vouloir à son maître de nouvelles façons d'insulter le Commandeur. Il est impressionné par la beauté du monument : cela donne à Don Juan une occasion de critiquer la vanité du mort. A peine a-t-il dit que la statue est presque vivante, aussitôt Don Juan la traite comme telle et l'invite à souper.

2. L'insolence du libertin

• *Le goût de la comédie*

Don Juan aime jouer la comédie. Pour lui, le monde est un théâtre, dans lequel il s'amuse à endosser différents rôles, pour donner du piquant à son existence.

présence inattendue du tombeau dans la forêt éveille aussitôt sa curiosité et son imagination. Il y entre comme sur une scène, où il cherche d'abord à se distraire et à satisfaire son désir de liberté sans limites. Ses idées sont inattendues et avant d'être sacrilèges, elles sont un jeu auquel il se livre pour éprouver son pouvoir. Son intrusion dans le tombeau du Commandeur devient ainsi une visite qu'il rend à un « galant homme ». Il s'offre même le luxe d'avoir une réaction d'amour-propre piqué quand Sganarelle fait remarquer que la statue n'a pas l'air d'apprécier cette visite : « Il aurait tort, et ce serait mal recevoir l'honneur que je lui fais » (l. 18-19). Cette comédie atteint un sommet dramatique, à la fois bouffon et macabre, quand le meurtrier invite sa victime à venir souper. On sombrerait dans le Grand Guignol, si le jeu de Don Juan n'avait une portée morale et métaphysique [c'est-à-dire défiant les puissances de l'au-delà].

• *La critique des valeurs établies*

Don Juan aime le jeu, mais il ne peut y prendre plaisir que si en même temps il transgresse et démolit les valeurs établies. Alors que son valet est impressionné par la beauté de la statue, il émet une condamnation morale : « on ne peut voir aller plus loin l'ambition d'un homme mort ; et ce que je trouve admirable, c'est qu'un homme qui s'est passé [= s'est contenté], durant sa vie, d'une assez simple demeure, en veuille avoir une si magnifique pour quand il n'en a plus que faire » (l. 6-11). Don Juan s'élève ici, comme beaucoup de moralistes de l'époque, contre la vanité des morts et le faste des tombeaux. Sa critique met en évidence un paradoxe, en opposant la demeure simple du vivant à la richesse du tombeau, et dénonce une absurdité : un mort a-t-il besoin de cette pompe ? A cela s'ajoute l'imprévoyance du jouisseur qui se moque de son avenir sur terre et *a fortiori* dans l'autre monde. Quand Don Juan voit la statue du Commandeur, il passe de la moquerie au sarcasme [= raillerie insultante] : « Parbleu ! le voilà bon, avec son habit d'empereur romain ! » (l. 12-13). Don Juan ironise contre cette fausse dignité, qui sacralise artificiellement la mort, en recourant au décorum antique.

• *L'élégance du grand seigneur*

L'insolence et la désinvolture du libertin s'expriment par ses actes, mais aussi par son langage. Don Juan parle et raille avec élégance. Son ironie s'exprime sous les dehors raffinés de la civilité : « Il aurait tort, et ce serait mal recevoir l'honneur que je lui fais. » Quand il se gausse de l'inutile vanité des morts, sa phrase devient période [= phrase complexe formée de plusieurs propositions subordonnées] ; elle prend le rythme grave et ample du discours des moralistes de l'époque, avec sa disposition cadencée des groupes de mots : « on ne peut voir aller plus loin l'ambition d'un homme mort ; / et ce que je trouve admirable, / c'est qu'un homme / qui s'est passé, durant sa vie, / d'une assez simple demeure / en veuille avoir une si magnifique / pour quand il n'en a plus que faire » (l. 6-11).

3. Le combat contre Dieu

Cette scène est surtout une étape du combat que Don Juan mène contre Dieu. Pour la première fois les puissances de l'au-delà répondent au défi du libertin.

• *La progression dramatique*

En pénétrant dans le mausolée, Don Juan commence par insulter la statue du Commandeur, ce qui est un double blasphème, puisqu'il s'agit d'un mort et d'un homme dont il est le meurtrier. Puis l'insolence atteint un degré supérieur, quand par l'intermédiaire de son valet, il l'invite à souper. Enfin, coup de théâtre : la statue incline la tête. A partir de ce moment, ce qui n'était qu'une provocation habituelle et un jeu, bascule dans le sérieux et dans le fantastique : la tension dramatique de la scène atteint un paroxysme, que traduit la brièveté des répliques : « **Sganarelle** / La statue... **Don Juan** / Eh bien, que veux-tu dire, traître ? **Sganarelle** / Je vous dis que la statue... **Don Juan** / Eh bien ! la statue ? Je t'assomme, si tu ne parles. **Sganarelle** / La statue m'a fait signe. **Don Juan** / La peste le coquin ! » (l. 24). Le libertin assiste au même phénomène et sort sans être convaincu. L'Acte III s'achève ainsi sur un événement imprévisible. Don Juan est maintenant en relation directe avec l'au-delà.

• *Le surgissement du fantastique*

Cette scène est conçue pour frapper l'imagination du spectateur et pour donner à la pièce une grandeur métaphysique, en confrontant le révolté aux puissances qu'il bafouait jusque-là impunément. Cette intrusion du surnaturel est *fantastique*, dans la mesure où elle bouleverse un monde qui, pour Don Juan, n'est régi que par des lois objectives. Lui qui accorde son crédit seulement à ce qui peut être vérifié par la raison, est brusquement mis en face d'un fait qui échappe à la logique du monde réel. Au début l'ambiguïté plane : peut-être le valet a-t-il été victime d'une hallucination ? Don Juan s'emporte contre lui et demeure incrédule : « Viens, maraud, viens, je te veux bien faire toucher au doigt ta poltronnerie » (l. 40-41). Mais la statue baisse la tête pour la seconde fois, sommant Don Juan de reconnaître qu'il est face à la puissance divine.

• *L'incrédulité de Don Juan*

Face à un tel avertissement divin, on pouvait s'attendre à un repentir du libertin et même à une conversion. Au lieu de cela, il se contente d'un : « Allons, sortons d'ici » (l. 45). Don Juan refuse de s'incliner devant l'évidence et d'admettre ce surgissement du surnaturel. Sa réaction montre qu'il demeure incrédule, conformément à son goût de l'insoumission. Plus tard, il prétendra qu'il s'agissait d'une hallucination sans importance : « c'est une bagatelle, et nous pouvons avoir été trompés par un faux jour, ou surpris de quelque vapeur qui nous ait troublé la vue ».

Conclusion

Cette scène s'achève par un sommet dramatique avec l'intrusion du surnaturel. Maintenant qu'il a été en communication avec l'au-delà, jusqu'où le libertin, s'il refuse encore d'y croire, poussera-t-il le défi ? Le combat pourtant approche du dénouement et les menaces de châtiment, éparses dans les trois premiers actes, commencent à se vérifier. Cette statue de pierre représente symboliquement plusieurs obstacles à l'orgueil conquérant de Don Juan. Tout d'abord elle est l'une des manifestations aux côtés de Don Louis, son père, du pouvoir de la monarchie absolue qui ne peut accepter les débordements des libertins, dangereux pour l'équilibre social et les autorités en place. Elle incarne ensuite le Temps dans ses trois dimensions : passé, présent, futur, ce qui implique le regret et le remords du passé ainsi que la crainte du futur. Or Don Juan ne connaît que le présent du plaisir individuel. Elle personnifie enfin l'au-delà chrétien, continuellement insulté par les impiétés du héros. Ce face à face entre Don Juan et la statue renouvelle le grand combat mythique entre la Loi et le Désir.

8 ACTE IV, scène 3

[Monsieur Dimanche]

DON JUAN, ***faisant de grandes civilités*** / **Ah ! Monsieur Dimanche, approchez. Que je suis ravi de vous voir, et que je veux de mal à mes gens de ne vous pas faire entrer d'abord ! J'avais donné ordre qu'on ne me fît parler personne ; mais cet ordre n'est pas pour vous, et vous êtes en droit de ne trouver jamais de porte fermée chez moi.** M. DIMANCHE / **Monsieur, je vous suis fort obligé.** DON JUAN, ***parlant à ses laquais*** / **Parbleu ! coquins, je vous apprendrai à laisser Monsieur Dimanche dans une antichambre, et je vous ferai connaître les gens.** M. DIMANCHE / **Monsieur, cela n'est rien.** DON JUAN / **Comment ! vous dire que je n'y suis pas, à monsieur Dimanche, au meilleur de mes amis !** M. DIMANCHE / **Monsieur, je suis votre serviteur. J'étais venu...** DON JUAN / **Allons, vite, un siège pour monsieur Dimanche.** M. DIMANCHE / **Monsieur, je suis bien comme cela.** DON JUAN / **Point, point, je veux que vous soyez assis contre moi.** M. DIMANCHE / **Cela n'est point nécessaire.** DON JUAN / **Otez ce pliant, et apportez un fauteuil.** M. DIMANCHE / **Monsieur, vous vous moquez, et...** DON JUAN / **Non, non, je sais ce que je vous dois, et je ne veux point qu'on mette de différence entre nous deux.** M. DIMANCHE / **Monsieur...** DON JUAN / **Allons, asseyez-vous.** M. DIMANCHE / **Il n'est pas besoin, Monsieur, et je n'ai qu'un mot à vous dire. J'étais...** DON JUAN / **Mettez-vous là, vous dis-je.** M. DIMANCHE / **Non, Monsieur. Je suis bien. Je viens pour...** DON JUAN / **Non, je ne vous écoute point si vous n'êtes assis.** M. DIMANCHE / **Monsieur, je fais ce que vous voulez. Je...** DON JUAN / **Parbleu ! Monsieur Dimanche, vous vous portez bien.**

M. DIMANCHE / **Oui, Monsieur, pour vous rendre service. Je suis venu...** DON JUAN / **Vous avez un fonds de santé admirable, des lèvres fraîches, un teint vermeil et des yeux vifs.** M. DIMANCHE / **Je voudrais bien...** DON JUAN / **Comment se porte Madame Dimanche, votre épouse ?** M. DIMANCHE / **Fort bien, Monsieur, Dieu merci.** DON JUAN / **C'est une brave femme.** M. DIMANCHE / **Elle est votre servante, Monsieur. Je venais...** DON JUAN / **Et votre petite fille Claudine, comment se porte-t-elle ?** M. DIMANCHE / **Le mieux du monde.** DON JUAN / **La jolie petite fille que c'est ! je l'aime de tout mon cœur.** M. DIMANCHE / **C'est trop d'honneur que vous lui faites, Monsieur. Je vous...** DON JUAN / **Et le petit Colin, fait-il toujours bien du bruit avec son tambour ?** M. DIMANCHE / **Toujours de même, Monsieur. Je...** DON JUAN / **Et votre petit chien Brusquet ? gronde-t-il toujours aussi fort, et mord-il toujours bien aux jambes les gens qui vont chez vous ?** M. DIMANCHE / **Plus que jamais, Monsieur, et nous ne saurions en chevir.** DON JUAN / **Ne vous étonnez pas si je m'informe des nouvelles de toute la famille, car j'y prends beaucoup d'intérêt.**

EXPLICATION DE TEXTE

Situation et sujet

Au début de l'Acte IV, Don Juan est rentré dans son appartement. Il ne croit pas au signe d'acquiescement de la statue du Commandeur et considère qu'il s'agit d'une hallucination. Maintenant il attend joyeusement le souper. Mais voilà qu'on annonce l'arrivée de monsieur Dimanche, un tailleur qui vient réclamer l'argent qui lui est dû. Don Juan, en dépit de ses dénégations, a été ébranlé par la scène du tombeau. Il a besoin de reprendre confiance en lui, de montrer qu'il est libre et toujours aussi fort pour dominer autrui. C'est pourquoi il décide de recevoir monsieur Dimanche, afin de lui jouer une comédie qui prouvera son talent et son pouvoir. Par ailleurs pour détendre l'atmosphère après le sommet dramatique de la scène du tombeau et avant l'arrivée de Don Louis, le père de Don Juan, Molière nous propose une scène bouffonne, au comique simple et efficace. Nous allons voir comment un aristocrate endetté va éconduire poliment un créancier, sans rien payer et sans même lui donner l'occasion d'exprimer sa requête.

Composition et mouvement

Don Juan cherche à gagner du temps. Sa comédie comprend dans notre texte trois étapes : il reçoit monsieur Dimanche en le comblant d'amabilités (l. 1 à 16) ; il refuse de lui parler tant qu'il n'a pris un fauteuil (l. 16 à 33) ; enfin pour l'empêcher d'en venir au fait, il s'informe sur tous les membres de sa famille (l. 33 à 58). Le mouvement suit une gradation dans l'insolence. Don Juan s'amuse avec et de monsieur Dimanche. Il mène la danse et se moque du marchand, qui devient un objet ridicule, servant seulement à mettre en valeur sa maestria. Sa tactique repose sur la flatterie et sur l'interruption systématique.

- *Une réception pleine d'amabilités (l. 1 à 16)*

Don Juan fait partie de ces aristocrates, de plus en plus nombreux, qui sont couverts de dettes et qui de ce fait doivent dépendre de bourgeois comme monsieur Dimanche. Ils jouissent encore de leur pouvoir historique pour exploiter les petites gens, mais leur dépendance financière s'accroît et ne fera que s'accentuer au XVIIIe siècle. Un renversement de situation commence. Dans une pièce de Lesage qui date de 1709, Turcaret et son valet Frontin, petits bourgeois enrichis, prendront la revanche de monsieur Dimanche. Les aristocrates ne pourront plus alors les traiter avec leur morgue habituelle. Bientôt la bourgeoisie voudra que son pouvoir financier s'accompagne d'un pouvoir politique et ce sera la Révolution.

En attendant, monsieur Dimanche a peur du grand seigneur. Il sait que, devant lui, il est dans une position d'infériorité sociale. Le nom même de « Dimanche », qui est cocasse, suggère que le marchand sera l'objet d'un bon tour. Le dimanche est alors un jour de fête. On disait d'ailleurs au XVIIe siècle « avoir un air de dimanche » pour exprimer un air de gaieté. Ainsi là simple évocation de son nom annonce une joyeuse scène de divertissement.

En accueillant monsieur Dimanche, Don Juan multiplie avec hypocrisie les marques de civilité : étonnement affable : « Ah , Monsieur Dimanche, approchez » (l. 1) ; réprimande à l'égard de valets qu'il fait mine de juger maladroits : « que je veux de mal à mes gens de ne vous pas faire entrer d'abord » (l. 3) ; flatteuse marque de considération : « J'avais donné ordre qu'on ne me fît [= laissât] parler personne ; mais cet ordre n'est pas pour vous » (l. 5). Don Juan ne se contente pas d'anesthésier le courage de monsieur Dimanche à accomplir une démarche désagréable, en le couvrant d'amabilités, il s'amuse aussi de lui avec une cruelle ironie. Il présente en effet sa venue comme parfaitement justifiée et laisse espérer en jouant sur le sens du mot « droit » qu'il va satisfaire son créancier, alors qu'il n'en sera rien : « vous êtes en *droit* de ne trouver jamais de porte fermée chez moi » (l. 6).

Monsieur Dimanche est désarçonné par cet excès d'affabilités mondaines. Il réagit sur un ton de gêne et de soumission : « Monsieur, je vous suis fort obligé » (l. 8). Il a conscience de son infériorité sociale. Sa déférence craintive devant le grand seigneur est marquée par la répétition comique à chaque fois qu'il prend la parole de « Monsieur », titre qu'on ne donne avant la Révolution qu'aux hommes de condition élevée : « *Monsieur*, je vous suis fort obligé » (l. 8), « *Monsieur*, cela n'est rien » (l. 12), « *Monsieur*, je suis votre serviteur » (l. 15). Notons aussi qu'en appelant pompeusement le marchand « *Monsieur* Dimanche », Don Juan s'amuse à le traiter d'égal à égal.

Il use à son égard du langage élégant de la politesse mondaine, mais avec une ironie impertinente et drôle dont il rend complice les spectateurs : « Comment ! vous dire que je n'y suis pas » (l. 13) [L'ironie consiste à dire le contraire de ce qu'on pense, mais de telle manière qu'on perçoive un décalage flagrant entre ce qui est dit et la vérité]. Il use même pour le désigner d'une hyperbole, dont l'ironie est offensante : « au meilleur de mes amis » (l. 14-15) [Une hyperbole est une expression qui outre la pensée pour la rendre plus frappante.]. Monsieur Dimanche est traité comme un jouet dont le libertin se sert pour faire éclater son aisance verbale et son impertinence.

• *La comédie du fauteuil (l. 16 à 33)*

Dans le code protocolaire de l'époque, on ne s'assoit que devant son égal. En demandant donc un siège pour monsieur Dimanche, Don Juan feint de le considérer comme quelqu'un de sa classe. Le roturier [= homme qui n'est pas de condition noble sous l'Ancien Régime] ne manque pas d'être embarrassé. Il refuse de quitter son rang : « Monsieur, je suis bien comme cela. » Mais Don Juan insiste et pousse les marques de considération jusqu'à lui offrir un « fauteuil ». Or, selon l'étiquette du temps, le « fauteuil » est considéré comme le siège le plus noble, le « pliant » étant réservé aux classes les plus basses. Cette surenchère pour faire à monsieur Dimanche des marques d'honneur qui ne lui sont pas dues est non seulement gênante, mais aussi humiliante, car le marchand au fond de lui ne doit pas être dupe de cette mascarade : « Monsieur, vous vous moquez » (l. 22-23).

Mais Don Juan continue son manège et cherche en pervertissant le rapport normal à l'époque entre les classes sociales à troubler l'esprit du roturier : « Non, non, je sais ce que je vous dois, et je ne veux point qu'on mette de différence entre nous deux » (l. 23-25). Notons l'impertinence du « ce que je vous dois », qui peut s'entendre au sens moral comme un *devoir* à l'égard de quelqu'un qu'on estime, mais aussi au sens littéral comme la *dette* due au créancier. En faisant planer l'ambiguïté, Don Juan se plaît cruellement à bercer le marchand de faux espoirs.

Don Juan recourt au puissant ressort de la flatterie, mais il use aussi avec brio de l'interruption systématique. Dès que monsieur Dimanche veut exprimer l'objet de sa visite, qui est de récupérer son argent, Don Juan l'interrompt. Les points de suspension à la fin de ses phrases inachevées marquent son impuissance et son ridicule. Don Juan est donc obligé de trouver toujours quelque chose de nouveau pour changer le cours de la conversation. En l'occurrence, il contraint le marchand réticent à un chantage : « Non, je ne vous écoute point si vous n'êtes assis. »

Don Juan est cruel et odieux avec monsieur Dimanche, mais on est du côté du plus fort : on rit de l'embarras du marchand, qui se débat comme un insecte dans une toile d'araignée. Nous sommes néanmoins touchés par la bonhomie et l'humilité du bourgeois qui a conscience de son rang et qui vient réclamer à juste titre le fruit de son travail.

• *La revue de famille (l. 33 à 58)*

Une fois que monsieur Dimanche est assis, il faut, pour gagner du temps, que Don Juan trouve un nouveau sujet de conversation. Il décide de passer en revue toute la famille du marchand, en commençant par monsieur Dimanche lui-même. Sa seule transition pour aborder ce sujet est le juron « Parbleu ! ». Cette désinvolture est une marque de mépris, puisque Don Juan impose à son interlocuteur le sujet de la conversation. Il force le bourgeois à lui parler de sa santé : « Vous avez un fonds de santé admirable, des lèvres fraîches, un teint vermeil et des yeux vifs » (l. 36-38). Or il est tout à fait incorrect, en bonne courtoisie, de faire des remarques de santé à quelqu'un qui n'est pas intime. Don Juan d'ailleurs en rajoute, en accumulant les détails d'une façon gênante. Les vaines tentatives du créancier pour aborder le sujet qui l'intéresse nous font de plus en plus rire par leur comique de répétition : « Je voudrais bien... »

Mais Don Juan continue à traiter son visiteur avec arrogance. Il monopolise la parole et le contraint à un interrogatoire forcé sur sa famille. Son insolence est accrue par le ton hypocritement protecteur qu'il adopte et par le faux intérêt qu'il témoigne à ces gens. Ainsi qu'a-t-il besoin de dire à propos de madame Dimanche : « C'est une brave femme » (l. 41-42), expression qui ne veut pas dire grand-chose et manifeste seulement de la condescendance à l'égard d'un inférieur. L'interrogatoire atteint le comble de l'impertinence et du comique, quand Don Juan, après avoir loué la santé de monsieur Dimanche, évoque un à un tous les membres de sa famille par ordre décroissant d'importance. Il va même, après la femme et les enfants, jusqu'à prendre des nouvelles du chien « Brusquet ». A chaque fois, pour donner un peu de vraisemblance à cette affectation d'intérêt, il fournit un détail qui particularise chaque personnage. A propos de Claudine, il s'exclame : « La jolie petite fille que c'est ! je l'aime de tout mon cœur » ; il évoque habilement le « tambour » du « petit Colin » et le « petit chien Brusquet » (l. 46-54) en train de gronder et de mordre. Notons aussi que la répétition de l'adjectif « petit », avec sa valeur affective, émeut à coup sûr le bon père de famille.

Don Juan abuse des sentiments familiaux de monsieur Dimanche. Il pousse la cruauté jusqu'à souligner lui-même son insolence et son hypocrisie : « Ne vous étonnez pas si je m'informe des nouvelles de toute la famille, car j'y prends beaucoup d'intérêt » (l. 56-58). Il maîtrise parfaitement le langage et nous offre un bon divertissement. Mais le comique est grinçant : on rit du brio de Don Juan, mais il écrase un faible et l'on a pitié du marchand impuissant et berné.

Conclusion

Finalement l'infortuné monsieur Dimanche sera éconduit, sans avoir pu exposer l'objet de sa visite. Don Juan l'accable de marques d'honneur. Il finira même par lui donner l'accolade, suprême geste de dérision, puisqu'on embrasse seulement quelqu'un de sa condition. Le libertin nous a séduits par son aisance à conduire cette escrime verbale, et par son aplomb à humilier un honnête homme, mais son triomphe est sans gloire. Son adversaire n'est qu'un bourgeois craintif, qui n'a aucune carrure pour entamer un combat à armes égales. C'est pourquoi Don Juan en jouant cette comédie et en feignant de traiter monsieur Dimanche comme un égal s'abaisse et perd toute noblesse.

PLAN POUR UN COMMENTAIRE COMPOSÉ

1. Le rapport des classes sociales

a. L'insolence du noble : Don Juan bénéficie de l'impunité et des privilèges que lui confère sa condition de noble, pour se jouer du marchand, mais en même temps il dépend financièrement de lui.
b. La soumission du bourgeois :
- peur face au noble (quelques années plus tard, les rôles seront renversés. C'est le bourgeois à l'exemple de Turcaret qui sera plein de morgue à l'égard du noble),
- déférence et respect de l'étiquette.

2. La maestria du grand seigneur

a. Sa maîtrise de la parole : improvisation continuelle et art de l'interruption systématique.
b. Son hypocrisie : art de manier la politesse et la flatterie de façon à endormir la vigilance du marchand.
c. Son plaisir à humilier un faible : Don Juan éprouve sa puissance en faisant souffrir les autres, mais en s'attaquant à un inférieur ce plaisir est dérisoire.

3. Le comique

a. Le comique de situation :
- la comédie du fauteuil,
- ballet du libertin autour du marchand : il tourne autour de sa proie pour lui donner le vertige.
b. Le comique de mots :
- comique de répétition (« Monsieur »),
- comique d'accumulation (passage en revue de toute la famille),
- l'ironie : Don Juan, en disant continuellement le contraire de ce qu'il pense, sait mettre les rieurs de son côté.

9 ACTE V, scène 2

[La « conversion » à l'hypocrisie]

SGANARELLE / **Ah ! Monsieur, que j'ai de joie de vous voir converti ! Il y a longtemps que j'attendais cela, et voilà, grâce au Ciel, tous mes souhaits accomplis.** DON JUAN / **La peste le benêt !** SGANARELLE / **Comment, le benêt ?** DON JUAN / **Quoi ? tu prends pour de bon argent ce que je viens de dire, et tu crois que ma bouche était d'accord avec mon cœur ?** SGANARELLE / **Quoi ? ce n'est pas... Vous ne... Votre... Oh ! quel homme ! quel homme ! quel homme !** DON JUAN / **Non, non, je ne suis point changé, et mes sentiments sont toujours les mêmes.** SGANARELLE / **Vous ne vous rendez pas à la surprenante merveille de cette statue mouvante et parlante ?** DON JUAN / **Il y a bien quelque chose là-dedans que je ne comprends pas ; mais quoi que ce puisse être, cela n'est pas capable ni de convaincre mon esprit, ni d'ébranler mon âme, et si j'ai dit que je voulais corriger ma conduite et me jeter dans un train de vie exemplaire, c'est un dessein que j'ai formé par pure politique, un stratagème utile, une grimace nécessaire où je veux me contraindre, pour ménager un père dont j'ai besoin, et me mettre à couvert, du côté des hommes, de cent fâcheuses aventures qui pourraient m'arriver. Je veux bien, Sganarelle, t'en faire confidence, et je suis bien aise d'avoir un témoin du fond de mon âme et des véritables motifs qui m'obligent à faire les choses.** SGANARELLE / **Quoi ! vous ne croyez rien du tout, et vous voulez cependant vous ériger en homme de bien ?** DON JUAN / **Et pourquoi non ? Il y en a tant d'autres comme moi, qui se mêlent de ce métier, et qui se servent du même masque pour abuser le monde !** SGANARELLE / **Ah ! quel homme ! quel**

homme ! DON JUAN / **Il n'y a plus de honte maintenant à cela : l'hypocrisie est un vice à la mode, et tous les vices à la mode passent pour vertus. Le personnage d'homme de bien est le meilleur de tous les personnages qu'on puisse jouer aujourd'hui, et la profession d'hypocrite a de merveilleux avantages.**

COMMENTAIRE COMPOSÉ

[Introduction][1]

Don Juan vient de jouer à son père la comédie de la conversion religieuse : il prétend regretter les désordres de sa vie passée et y remédier par une conduite exemplaire. Le vieillard quitte la scène, tout heureux de voir son fils revenir dans le droit chemin. Même le spectateur est surpris par ce changement d'attitude du libertin, qui jusque-là bafouait ouvertement les règles morales et religieuses. Mais si extérieurement le libertin a décidé de ne plus choquer les autres, cela ne change en rien ses dispositions intérieures. Il lui faut donc expliquer à son fidèle valet pourquoi il a fait ce choix de l'hypocrisie. Dans un premier moment, nous en étudierons les raisons ; puis nous examinerons les réactions du valet ; enfin nous verrons quel rôle joue ce changement dans l'évolution du héros.

[Les raisons de ce choix]

La décision que prend Don Juan d'adopter désormais une attitude systématiquement hypocrite en matière religieuse, est un coup de théâtre. Certes l'hypocrisie faisait partie de ses armes. Il en a usé avec Elvire. Mais ce n'était qu'une façon parmi d'autres de l'humilier, pour mieux jouir du plaisir de faire le mal. Avec le Pauvre ou au cours de sa première entrevue avec son père, il ne montre aucun repentir et persiste dans son impiété. Rien donc ne laissait

1. Voir ci-dessus, page 12, la note 1.

présager ce revirement. A son père qui vient le revoir, il joue de manière si convaincante la scène du fils prodigue qui implore le pardon, qu'on se demande un instant si les divers avertissements de la statue n'ont pas fini par le pousser à une conversion sincère. En fait, cette péripétie relance l'intérêt dramatique de la pièce et ajoute à la complexité du caractère de Don Juan, qui veut ainsi manifester sa liberté. A Sganarelle qui est choqué par cette nouvelle scélératesse, il se contente de répondre : « Et pourquoi non ? » Son attitude est présentée comme un simple caprice, qui n'a d'autre raison d'être que le désir de dérouter.

Cette « conversion » à l'hypocrisie religieuse n'est cependant pas gratuite et Molière dans cette scène fait à travers son personnage une satire sévère de la fausse dévotion. Son héros met en cause les gens de l'époque, et dénonce l'imposture de l'hypocrisie dans la vie sociale (l. 35-40). Molière attaque ici ce qu'on appelait alors « la cabale des dévots ». La religion catholique connaissait en effet un grand renouveau et certaines personnes pour blanchir les désordres de leur conduite ou faire avancer discrètement leurs affaires personnelles manifestaient, quand elles la pratiquaient ou la faisaient respecter, un zèle voyant. Les « dévots » se sentirent visés par *Tartuffe* (1664), pièce dans laquelle Molière faisait la satire d'un imposteur qui, sous couvert de religion, trompait tout le monde. Ils réussirent à la faire interdire. L'auteur en fut très affecté. C'est pourquoi l'année suivante, dans son *Dom Juan*, il s'en prend encore vivement à cette « cabale ». Mais scandalisée par ces propos sur l'hypocrisie et par l'impiété du héros, elle réussira une nouvelle fois à faire interdire la pièce. Ce climat virulent de querelle religieuse explique le ton polémique prêté à Don Juan.

Ce dernier insiste d'abord sur le fait que son attitude n'a aucune motivation spirituelle. Il agit uniquement par calcul. Cette dissociation entre l'apparence et la réalité est nettement exprimée par trois formules : « c'est un dessein que j'ai formé par pure politique, un stratagème utile, une grimace nécessaire » (l. 19-21). Chaque terme apporte une précision. « Politique » désigne ici une conduite adroite et rusée, qu'on utilise pour arriver à ses fins. « Stratagème » renchérit en ajoutant une idée de machination et de fourberie. « Grimace » enfin décrit de manière imagée les feintes contorsions du visage de l'hypocrite.

Mais pourquoi cette « conversion » à la tartufferie ? Parce que, selon Don Juan, c'est la meilleure façon de se protéger dans la société et d'accomplir impunément ses méfaits. Pour être tranquille, il suffit de jouer « le personnage d'homme de bien » (l. 37). Don Juan sait qu'il ne pourra toujours provoquer les hommes, et que l'impunité attachée à sa condition d'aristocrate rencontrera des limites. Les frères d'Elvire le traquent et son père a juridiquement le pouvoir de mettre fin à ses écarts de conduite, en demandant au roi l'embastillement de son fils par lettre de cachet [= lettre au cachet du roi qui contient un ordre d'emprisonnement ou d'exil sans jugement]. Mentir est donc pour lui « nécessaire », s'il veut conserver sa liberté intérieure. En traitant son père avec arrogance à l'Acte IV, il a compris qu'il était allé trop loin. Au début de l'Acte V, il fait marche arrière, en jouant la comédie de la conversion : « c'est un dessein que j'ai formé [...] pour ménager un père dont j'ai besoin, et me mettre à couvert, du côté des hommes, de cent fâcheuses aventures qui pourraient m'arriver » (l. 19-24).

Don Juan ne peut faire cette confession qu'à Sganarelle, qui dans cette scène joue un rôle important de conscience morale et de témoin, qu'il importe maintenant d'examiner.

[Sganarelle, témoin horrifié et nécessaire]

Sganarelle, le valet à l'émotion facile, croit à la conversion de son maître et l'accueille avec un enthousiasme plein de bonne foi. Cette joie manifeste d'abord l'affection sincère du serviteur pour son maître. Il ne veut pas qu'il soit châtié par les hommes ou par Dieu, car au fond il est flatté de servir un homme d'une telle envergure. Il y a aussi, dans cette réaction, de la vanité. Sganarelle croit triompher, puisqu'en se convertissant Don Juan finit par se rendre aux conseils et aux avertissements qu'il lui prodigue depuis le début de la pièce.

Sa déception est à la hauteur de son enthousiasme. Quand Don Juan lui avoue son hypocrisie, il bafouille : « Quoi ! ce n'est pas... Vous ne... Votre... Oh ! quel homme ! quel homme ! quel homme ! » Cette naïveté produit un effet comique, souligné par l'inachèvement des phrases et par la répétition de « quel homme ! » qui réapparaîtra à la fin du texte, manifestant de façon dérisoire son impuissance. Le valet aussi s'est fait prendre. La monstruosité morale de son maître le désarçonne et lui donne même le courage de le juger avec plus de sévérité que d'habitude : « Quoi ! vous ne croyez à rien du tout, et vous voulez cependant vous ériger en homme de bien ? » (l. 28-30). Mais cette remarque, loin de culpabiliser Don Juan, ne fait qu'exciter son désir de persévérer : « Et pourquoi non ? » Sganarelle est ainsi sans le vouloir, par ses réprimandes et son bon sens populaire, le déclencheur des bravades de son maître.

Plus que jamais, Don Juan a besoin de ce témoin moralisateur et horrifié. En assistant scandalisé à ses forfaits, Sganarelle lui montre l'effet qu'il produit sur une humanité moyenne et lui fait mesurer l'étendue de sa perversion. Mais maintenant le libertin a décidé d'être hypocrite avec les hommes et son plaisir de faire le mal disparaîtrait s'il n'y avait pas au moins un témoin qui connaisse son double jeu. C'est pourquoi Sganarelle a une importance croissante : il permettra à Don Juan de jouir encore de son plaisir exhibitionniste à faire le mal, mais aussi surtout à *montrer* qu'il fait le mal : « Je veux bien, Sganarelle, t'en faire confidence, et je suis bien aise d'avoir un témoin du fond de mon âme et des véritables motifs qui m'obligent à faire les choses » (l. 24-27). Cette évolution du protagoniste nous amène maintenant à nous interroger sur son importance dramatique dans la pièce.

[L'importance dramatique de cette évolution]

En choisissant de ne plus seulement bafouer ouvertement la religion, mais de jouer hypocritement la comédie du « dévot », Don Juan atteint sur le plan humain le degré suprême de la scélératesse. Cette attitude rend encore plus odieux ses rapports avec les hommes. Quant à l'Acte IV, il réagissait avec insolence aux nobles remontrances de Don Louis, son père, nous déplorions ce manque de respect, mais nous avions de l'admiration pour son audace à exprimer franchement son refus de l'autorité paternelle. Mais lorsqu'il fait à Don Louis la comédie du faux dévot, il perd beaucoup de son envergure et de son courage. L'aventurier plein de morgue et d'allégresse impertinente du début de la pièce est devenu un vulgaire tartuffe, qui décide de jouer la comédie sociale pour couvrir ses exactions. Il attend le départ de son père pour déclarer : « La peste le benêt ! », alors qu'avant il l'offensait ouvertement.

Certes, sur le fond, il n'a pas changé. Il demeure un révolté qui rejette tous les obstacles à sa liberté : « Non, non, je ne suis point changé, et mes sentiments sont toujours les mêmes » (l. 10-11). Dans ce cas l'hypocrisie devient la forme suprême de l'insulte et de la moquerie à l'égard des hommes mais aussi de Dieu. C'est en vain que Sganarelle lui rappelle les menaces de la statue du Commandeur : « Vous ne vous rendez pas à la surprenante merveille de cette statue mouvante et parlante ? » (l. 12-13). Don Juan a le sentiment qu'un phénomène surnaturel défie sa raison mais il s'obstine à croire qu'il peut dominer les événements et persévérer dans son indépendance à l'égard de Dieu. Cette détermination donne à son choix de l'hypocrisie un autre sens : s'il renonce à jouir du plaisir de se moquer ouvertement des hommes, c'est peut-être parce que désormais il n'est plus intéressé que par son combat avec Dieu. Il a épuisé le plaisir des sacrilèges et des affronts qu'on pouvait faire aux hommes. Seul un face à face direct avec les puissances de l'au-delà pourra satisfaire sa volonté de puissance.

Mais peut-on affirmer que Don Juan devient un calculateur frileux qui, devant l'obstacle, ferait marche arrière ? Cette attitude entre en contradiction avec le tempérament révolté du héros. C'est pourquoi cette hypocrisie n'est peut-être qu'un autre jeu que Don Juan voudrait expérimenter, une nouvelle façon de s'affirmer par la tromperie.

Il faut cependant reconnaître que, sur le plan humain, le donjuanisme atteint une impasse. Entraîné par sa logique du mensonge et de la tromperie, qui le met au ban de la société, Don Juan devait inévitablement faire le choix d'une conduite qui, en ménageant les apparences, lui assure l'impunité. Mais il est désormais privé du plaisir de s'affirmer publiquement en humiliant et en méprisant les autres. Avec pour seul témoin son valet Sganarelle, il est condamné à la solitude et au ressassement narcissique de ses mauvaises actions. On a l'impression, à mesure que la pièce avance, que Don Juan est attiré par la mort, qu'il a hâte de rencontrer son destin, car ce monde n'est plus à sa mesure. C'est pourquoi on pourrait interpréter son renoncement à défier les hommes comme un suicide et comme une volonté d'en découdre au plus vite avec Dieu lui-même.

[Conclusion]

Certains ont trouvé incohérent ce revirement final du héros, qui en se tartuffiant se prive et nous prive du plaisir de braver joyeusement les convenances sociales et les conformismes religieux. Mais Molière, par cette métamorphose imprévue du personnage, satisfait à deux exigences. En lui faisant atteindre, par l'hypocrisie systématique, le degré suprême de la fausseté, il met à nu l'imposture des faux dévots de son époque, qui manipulent impunément les apparences pour mener à bien leurs douteuses entreprises. Le dramaturge nous suggère ainsi son idéal d'authenticité. L'homme doit rester lui-même, en refusant l'aliénation avilissante du mensonge. Contrairement à Don Juan qui déclare en se gaussant : « tu crois que ma bouche était d'accord avec mon cœur ? » (l. 7-8), Molière plaide pour une adéquation de l'être et du paraître, des paroles et du cœur, qui fonde la dignité de l'homme. Il veut aussi, et c'est le second point, faire avancer Don Juan vers son destin. Après avoir atteint du côté des hommes le comble de la scélératesse, il lui reste à défier Dieu jusqu'au bout, c'est-à-dire jusqu'à la mort. Pour un héros de la négation absolue, il n'y a pas d'autre issue.

10 ACTE V, scènes 5 et 6

[Le châtiment final]

LE SPECTRE / **Don Juan n'a plus qu'un moment à pouvoir profiter de la miséricorde du Ciel ; et, s'il ne se repent ici, sa perte est résolue.** SGANARELLE / **Entendez-vous, Monsieur ?** DON JUAN / **Qui ose tenir ces paroles ? Je crois connaître cette voix.** SGANARELLE / **Ah ! Monsieur, c'est un spectre : je le reconnais au marcher.** DON JUAN / **Spectre, fantôme ou diable, je veux voir ce que c'est.** ***(Le spectre change de figure et représente le Temps avec sa faux à la main.)*** SGANARELLE / **O Ciel ! voyez-vous, Monsieur, ce changement de figure ?** DON JUAN / **Non, non, rien n'est capable de m'imprimer de la terreur, et je veux éprouver avec mon épée si c'est un corps ou un esprit.** ***(Le spectre s'envole dans le temps que Don Juan le veut frapper.)*** SGANARELLE / **Ah ! Monsieur, rendez-vous à tant de preuves, et jetez-vous vite dans le repentir.** DON JUAN / **Non, non, il ne sera pas dit, quoi qu'il arrive, que je sois capable de me repentir. Allons, suis-moi.**

LA STATUE / **Arrêtez, Don Juan ! vous m'avez hier donné parole de venir manger avec moi.** DON JUAN / **Oui. Où faut-il aller ?** LA STATUE / **Donnez-moi la main.** DON JUAN / **La voilà.** LA STATUE / **Don Juan, l'endurcissement au péché traîne une mort funeste, et les grâces du Ciel que l'on renvoie ouvrent un chemin à sa foudre.** DON JUAN / **O Ciel ! que sens-je ? Un feu invisible me brûle, je n'en puis plus, et tout mon corps devient un brasier ardent ! Ah !** ***(Le tonnerre tombe avec un grand bruit et de grands éclairs sur Don Juan ; la terre s'ouvre et l'abîme ; et il sort de grands feux de l'endroit où il***

est tombé.) SGANARELLE / **Ah ! mes gages ! mes gages ! Voilà par sa mort un chacun satisfait : Ciel offensé, lois violées, filles séduites, familles déshonorées, parents outragés, femmes mises à mal, maris poussés à bout, tout le monde est content... Il n'y a que moi seul de malheureux... Mes gages ! mes gages ! mes gages !**

EXPLICATION DE TEXTE

Situation et sujet

A la fin de l'Acte IV, Don Juan a lancé un dernier défi à la statue du Commandeur, en acceptant d'aller souper avec elle. Dès ce moment, il fait figure de condamné en sursis. Un instant nous croyons qu'il s'est converti (Acte V, scène 2), mais il avoue à Sganarelle qu'il a décidé de pratiquer l'hypocrisie religieuse pour se mettre à l'abri des poursuites. Il refuse de se battre avec Don Carlos, le frère d'Elvire, sous prétexte que le Ciel s'y oppose. Endurci de manière irrémédiable dans le vice, le libertin rend son châtiment imminent. Arrivent la fin de la pièce et le moment où, par l'intermédiaire de la statue, Don Juan livre son dernier combat contre Dieu.

Composition et mouvement

La fin de la pièce est d'autant plus intense et dramatique qu'elle est rapide. Elle comprends trois moments principaux. Don Juan affronte d'abord « un spectre en femme voilée », qui se transforme bientôt en représentation du Temps (l. 1 à 20). Puis survient la statue du Commandeur, qui châtie le libertin (l. 21 à 33). La pièce s'achève alors par un épilogue du valet qui réclame ses gages (l. 33 à 39). Le mouvement dramatique suit une progression dans l'intensité, jusqu'à l'engloutissement du héros dans la terre. Par ce combat avec les forces de l'au-delà, Don Juan acquiert une dimension métaphysique. Il devient un mythe.

• *L'apparition du spectre (l. 1 à 20)*

Un spectre est le fantôme d'un mort, qui vient effrayer les vivants. Il incarne le remords et la culpabilité. S'il a en l'occurrence la forme d'une femme voilée, c'est pour rappeler à Don Juan, l'homme sans mémoire, les femmes qu'il a déshonorées. Jusqu'à la dernière minute, le repentir est offert au libertin : « Don Juan n'a plus qu'un moment à pouvoir profiter de la miséricorde du Ciel ; s'il ne se repent ici [= maintenant], sa perte est résolue » (l. 1-3). « La miséricorde du Ciel » est le sentiment de pitié par lequel Dieu pardonne au coupable. Cette clémence exceptionnelle, si elle est dédaignée, rendra l'entêtement du pécheur encore plus grave et impardonnable. Mais celui-ci refuse d'entendre la voix de l'au-delà. Il la considère comme celle d'un mauvais plaisant qui se moque de lui : « Qui ose tenir ces paroles ? » ; il s'obstine à lui donner une explication rationnelle : « Je crois connaître cette voix ». A l'entêtement téméraire de Don Juan s'opposent la panique et la couardise du valet : « Ah ! Monsieur, c'est un spectre : je le reconnais au marcher » (l. 6). Sganarelle joue le rôle d'un contrepoint comique, dans une scène de tonalité tragique. Sa bouffonnerie et sa crédulité exacerbent la rage du héros à donner une raison naturelle à cette apparition : « Spectre, fantôme ou diable, je veux voir ce que c'est. »

Nouvelle métamorphose fantastique : « *Le spectre change de figure et représente le Temps avec sa faux à la main* » (l. 8-10). Ce qui est reproché au libertin, c'est d'avoir oublié le temps. Homme du plaisir de l'instant et du présent continuellement renouvelé par l'inconstance amoureuse, Don Juan agit comme s'il n'avait pas de passé. Il n'éprouve à l'égard des femmes qu'il a laissées, ni regret, ni remords. Il ne fait pas non plus de projet. L'avenir n'a pas d'intérêt pour lui, car il échappe à la satisfaction immédiate. Pressé de jouir et de conquérir sur-le-champ ses proies, Don Juan improvise à la hâte et saisit les occasions qui se présentent. Il refuse d'admettre qu'une loi divine ou humaine gouverne sa vie avec permanence. C'est ce refus de la durée que vient punir la figure du « Temps avec sa faux », instrument qui sert aussi d'attribut à la mort. Le combat qui commence va donc opposer l'être de l'instant et du passage aux représentants de la permanence et de l'éternité.

Don Juan ne se rend pas. Fidèle à sa revendication de liberté absolue, il se révolte et brave l'au-delà : « Non, non, rien n'est capable de m'imprimer de la terreur. » La répétition de la négation exprime la détermination du rebelle. L'épée qu'il brandit symbolise son absence de crainte et son orgueil de révolté. Mais ici le héros positif se bat contre un fantôme. Ce combat auquel il voudrait donner une dimension humaine est voué à l'échec. Sganarelle, qui a pris par lâcheté le parti des justiciers, essaye en vain de ramener son maître à la raison : « Ah ! Monsieur, rendez-vous à tant de preuves, et jetez-vous vite dans le repentir » (l. 16-18). Le « repentir » est le regret qu'on éprouve pour une faute, accompagné du désir de l'expier. Ce mot, à résonance religieuse, retentit comme une provocation aux oreilles du libertin et suscite chez lui un nouvel accès de rébellion : « Non, non, il ne sera pas dit, quoi qu'il arrive, que je sois capable de me repentir » (l. 18-19). Don Juan est un homme du « non », de la négation des valeurs reçues. Son « Allons, suis-moi », traduit sa volonté de vivre comme avant.

• *Le combat final (l. 21 à 33)*

Coup de théâtre final : La statue du Commandeur arrive sur scène. Il ne s'agit plus maintenant d'un fantôme, mais d'un représentant concret de la puissance divine. Le convive de pierre contre l'être de chair, c'est la revanche du Commandeur autrefois tué par Don Juan, mais aussi le combat métaphysique de la permanence contre l'inconstance. La statue incarne l'obstacle divin à la volonté de puissance du libertin. Il veut encore agir, mais elle s'y oppose : « Arrêtez, Don Juan. Vous m'avez hier donné parole de venir manger avec moi » (l. 20). En acceptant de venir manger avec un mort, Don Juan a transgressé l'interdit fondamental qui sépare le monde des vivants de celui des morts. Ce repas avec un mort a deux significations. Il renvoie d'abord à l'épicurisme du libertin, qui aime la bonne chère. Il est par ailleurs insultant de vouloir partager avec un mort des plaisirs auxquels il ne peut plus avoir part. Ce repas rappelle aussi les rites funéraires par lesquels on apaise l'âme d'un défunt en lui apportant de la nourriture. Molière reprend ici tout un fonds de légendes qui mettent en relation les morts et les vivants. Mais Don Juan détourne le sens de ces repas qui visent à calmer l'âme des morts. Il n'y voit que l'occasion d'un défi et d'une offense.

Face au convive de pierre, il ne perd rien de sa superbe : « Oui. Où faut-il aller ? ». Il relève orgueilleusement le suprême défi du mort en lui tendant la main qu'il demande : « La voilà ». Cette main tendue, qui va sceller une fois pour toutes le destin de l'infidèle et du pécheur, représente le geste par lequel on engage sa foi et sa loyauté. Elle est le symbole de la parole qu'on tient et de la promesse qu'on respecte. Or Don Juan n'a jamais tenu sa parole, ni respecté ses promesses. Le mort s'empare de lui par la main, cette main, avec laquelle il a dupé tout le monde, en reniant ses engagements aussitôt après les avoir contractés.

La punition a aussi une signification religieuse. L'envoyé d'outre-tombe laisse tomber avec gravité sa sentence : « l'endurcissement au péché traîne [= entraîne] une mort funeste, et les grâces du Ciel que l'on renvoie ouvrent un chemin à sa foudre » (l. 25-27). La statue expose ici la doctrine chrétienne du châtiment divin. L'homme se damne si, après avoir contrevenu consciemment aux lois religieuses, il refuse le secours des « grâces du Ciel », autrement dit des aides surnaturelles, par lesquelles l'homme peut obtenir le salut. Cela suppose l'existence d'une destinée, qui veut que chaque action s'inscrive dans un ordre supérieur. Dans cette perspective, la mort est conçue comme la manifestation suprême du destin et de la volonté divine. Elle est un châtiment pour le coupable, ou un accès à l'éternité si l'on a mené une vie vertueuse. Or Don Juan refuse l'idée de destin, et donc celle d'une mort au sens religieux. C'est pourquoi il mérite le châtiment. Pour le figurer, Molière recourt à l'imagerie traditionnelle de l'enfer : le corps du libertin s'embrase. Ce feu de la vengeance divine préfigure le supplice éternel qui attend le condamné. Puis Don Juan est précipité en enfer. Conformément à l'imagerie chrétienne, la terre s'ouvre dans un fracas de tonnerre sur un lieu où brûlent les flammes du supplice. La mise en scène ici doit faire frissonner le spectateur en réveillant son angoisse de la mort et sa peur de l'au-delà.

• *L'oraison funèbre du valet (l. 33 à 39)*

Alors que nous étions, avec la mort de Don Juan, dans le registre de la tragédie, l'épilogue de Sganarelle conclut la pièce sur le ton comique. Son maître vient de vivre un affrontement grandiose, avec Dieu ; mais lui, ne voit dans cette mort qu'un mauvais coup du sort qui contrarie ses intérêts. Il exprime avec inconvenance et bouffonnerie sa cupidité : « Ah ! mes gages ! mes gages ! » Puis il fait une courte oraison funèbre, dans laquelle il tire la moralité de la pièce. Tout maintenant rentre dans l'ordre : « Voilà par sa mort un chacun satisfait » (l. 34). Le délinquant qui piétinait en se moquant des lois humaines, le pécheur invétéré qui narguait Dieu ont été châtiés. Le valet résume les fautes majeures du coupable à l'égard des hommes et des dieux dans les deux expressions : « Ciel offensé, lois violées » (l. 34). Cédant à son goût des accumulations, il passe alors en revue toutes les victimes du séducteur, pour mieux faire ressortir sa solitude présente et l'injustice de la situation : « Il n'y a que moi seul de malheureux » (l. 38). La triple répétition de « Mes gages ! » achève la pièce par un éclat de rire. Après les dangereux écarts du héros, la morale traditionnelle est sauve.

Conclusion

Même si le coupable a été sévèrement châtié, ceux qui se réjouissent de la mort du libertin, défenseurs de l'ordre social, serviteurs et croyants de la religion catholique, ont cependant été atteints et remis en cause par ses bravades. La révolte de Don Juan a beau être réprimée, elle sème le doute et ouvre un horizon de liberté individuelle où l'on peut vivre heureux en faisant fi des impératifs de la morale traditionnelle et des préceptes religieux. Telle est la signification de ce mythe. Don Juan incarne jusqu'à ses plus extrêmes limites l'insolence de la vie face aux contraintes sociales ou religieuses qui brisent son élan joyeux et conquérant. Sa résistance à la statue du Commandeur prouve aussi qu'on peut refuser de se plier à la signification religieuse de la mort, qui apparaît alors comme le grand scandale de la vie. Certes Don Juan est fatalement éliminé par une société qui ne pourrait perdurer si elle adoptait un style de vie fondé précisément sur l'absence de lien social et le mépris à l'égard des faibles ; mais il fait passer un souffle de liberté sauvage et tonique, dont nous avons parfois besoin pour ne pas être entièrement aliénés par les pesanteurs de la vie quotidienne.

PLAN POUR UN COMMENTAIRE COMPOSÉ

1. Le merveilleux

a. Le spectre : allégorie païenne du Temps et de la Mort.
b. La statue : symbole de la permanence face à l'inconstance du libertin.
c. Le surnaturel chrétien : Molière met en scène un dénouement conforme à l'imagerie chrétienne.

2. Une scène de tragi-comédie

a. L'obstination tragique du libertin :
- le rationalisme : refus d'accepter le surnaturel,
- l'homme d'épée : l'épée symbolise l'absence de crainte et la révolte du héros.

b. La couardise et la cupidité du valet.

3. Le mythe de Don Juan

a. La relation avec l'au-delà : c'est par là que Don Juan acquiert une dimension mythique.
b. Le refus de la mort au sens chrétien : Don Juan ignore la culpabilité chrétienne qui fait de la mort un châtiment.
c. Le refus de Dieu : Don Juan, l'être de chair, défie le convive de pierre qui représente l'éternité ; il refuse de se soumettre aux lois qui restreignent la liberté individuelle.

Imprimé en France par EMD – 53110 Lassay-les-Châteaux
Dépôt légal : 73873-9/06 – octobre 2009 – N° d'impression : 22191